COMPETÊNCIAS EMOCIONAIS E LIDERANÇA ESTRATÉGICA

MONICA AMALA SIMIONATO

COMPETÊNCIAS EMOCIONAIS E LIDERANÇA ESTRATÉGICA

ALTA BOOKS
EDITORA

Competências Emocionais e Liderança Estratégica

Alta Books é uma empresa do Grupo Editorial Alta Books (Starlin Alta Editora e Consultoria LTDA).

ISBN: 978-85-508-2445-1

Impresso no Brasil — 1ª Edição, 2024 — Edição revisada conforme o Acordo Ortográfico da Língua Portuguesa de 2009.

Dados Internacionais de Catalogação na Publicação (CIP)
(BENITEZ Catalogação Ass. Editorial, MS, Brasil)

S61c
1.ed. Simionato, Monica
Competências emocionais e liderança estratégica : como líderes visionários criam equipes de alta performance por meio da inteligência emocional / Monica Simionato. – 1.ed. – Rio de Janeiro : Alta Books, 2024.
240 p.; 15,7 x 23 cm.

Bibliografia.
ISBN 978-85-5082-445-1

1. Competências emocionais. 2. Desenvolvimento corporativo. 3. Empreendedorismo. 4. Gestão de negócios. 5. Liderança. 6. Performance. 7. Trabalho em equipe. I. Título.

08-2024/121 CDD 658.1

Índice para catálogo sistemático:
1. Competências emocionais : Desenvolvimento corporativo : Administração 658.1
Aline Graziele Benitez – Bibliotecária – CRB-1/3129

Grupo Editorial Alta Books

Produção Editorial: Grupo Editorial Alta Books
Diretor Editorial: Anderson Vieira
Editor da Obra: J. A. Ruggeri
Vendas Governamentais: Cristiane Mutüs
Gerência Comercial: Claudio Lima

Produtora Editorial: Ana Clara Tambasco
Revisão: Kamila Wozniak e Maria Rodrigues
Diagramação: Diego Santos
Capa: Beatriz Frohe

ALTA BOOKS
GRUPO EDITORIAL

Rua Viúva Cláudio, 291 — Bairro Industrial do Jacaré
CEP: 20.970-031 — Rio de Janeiro (RJ)
Tels.: (21) 3278-8069 / 3278-8419
www.altabooks.com.br — altabooks@altabooks.com.br
Ouvidoria: ouvidoria@altabooks.com.br

Editora
afiliada à:
ASSOCIADO

Para minha criança interior, que continua a me puxar com sua curiosidade e vontade de aprender.

Agradecimentos

Obrigada aos meus filhos que me fizeram transitar nos melhores anos da minha vida. De forma indireta, com birras e abraços de puro amor, ensinaram-me que, em algumas ocasiões, emoções paradisíacas e infernais permanecem do mesmo lado da moeda. Obrigada a Leo e Samuel que me deram de maneira direta e consciente sugestões dignas de especialistas de venda e de marketing.

Quero agradecer a minha editora Alta Books e, especialmente, a Ruggeri, que periodicamente me lembrou de terminar o manuscrito, com carinho, persistência e profissionalismo.

Preciso lembrar que todos os exemplos do livro são verídicos e sinceros, frutos de minha atividade profissional como consultora antropóloga nas organizações de vários países. Sem todos esses líderes que me confiaram uma panóplia de situações e exemplos, este livro seria incompleto.

SUMÁRIO

Introdução

Pessoas moldam a sociedade

Durante a nossa existência, entramos em contato com dezenas, centenas e até milhares de pessoas. Seja um relacionamento de trabalho ou uma amizade, seja um encontro rápido ou algo duradouro, nossa presença na sociedade ocupa um espaço, ela tem um valor. Nosso comportamento provoca impactos e consequências, quer de forma consciente ou inconsciente. **Nossa vida deixa uma marca, mesmo quando achamos conduzir uma existência banal.**

Este livro foi escrito para servir a todas as pessoas que têm a curiosidade de conhecer mais sobre as próprias emoções e como elas funcionam, além de responder a alguns porquês e obter algumas pistas de desenvolvimento pessoal. Quem tem a curiosidade de se conhecer, de querer compreender mais seus mecanismos psicológicos e fisiosociais está prestes a percorrer um caminho de realização como ser humano. Desenvolver a inteligência emocional nos ajuda não somente a viver de uma forma mais prazerosa, mas também a nos relacionar de maneira mais autêntica e genuína, construindo relações mais sólidas e profundas com as outras pessoas e com o planeta.

Esta obra serve também para todas as pessoas que estão em um cargo de gestão de pessoas. Mesmo que seja informal, nosso papel de líderes tem um valor fortemente marcante, porque influencia dezenas de indivíduos, uma vez que além de nosso valor individual, temos o aval da estrutura social. Relacionam-se diretamente conosco não somente as pessoas do organograma, mas também os membros das famílias dos profissionais, sem contar todas as partes interessadas (*stakeholders*).

Quando exercemos nosso papel de liderança, combinado com as competências da inteligência emocional, ativamos um degrau de potência, de engajamento e de desenvolvimento que raramente deixa as pessoas ao redor indiferentes. Quem está no papel da liderança, automaticamente, por causa do viés de nossas estruturas sociais, tem um poder maior, sua palavra conta mais, seus gestos despertam a emulação (ou a crítica!), a pessoa se torna mais evidente, tem um "peso" diferente. As suas decisões impactam as pessoas do trabalho e suas famílias. Podemos facilmente imaginar o efeito da escolha de aumentar o salário ou de rescindir um contrato, como também de decisões mais complexas, como abrir uma sede em um país estrangeiro, qual tipo de política adotar em caso de assédio moral e/ou sexual, como regular as cotas para encorajar a assunção de mulheres e pretos, quais decisões tomar em relação à emissão de carbono e assim em diante.

Estamos tristemente acostumados a escutar falar de vírus, e essa imagem ficou indelével depois da Covid-19. Porém, nesse caso, vamos utilizar o verbo "contagiar" para sugerir a imagem positiva, como ações de lideranças exemplares que atingiram até as crianças dos membros da equipe, que, ao irem para a escola, transportaram em si os sinais de uma inteligência emocional desenvolvida na família, na organização de trabalho e na vida comum. **Portanto, já que influenciar outras pessoas se torna inevitável, conhecer melhor a inteligência emocional pode nortear nossa conduta de forma mais ética.**

Cada tópico deste livro mostra o estado da arte sobre o sujeito do ponto de vista da pesquisa acadêmica; meus comentários corroboram com exemplos e casos verídicos, frutos de anos de experiências no mundo organizacional. Construiremos juntos o conhecimento sobre o mundo da inteligência emocional, segundo a técnica socrática do questionamento. Atiçando a reflexão, Sócrates desenvolvia a consciência de quem o escutava, numa proposta de coconstrução do conceito, e este será também o propósito que me anima!

O livro contém três partes: a primeira enfrenta o mundo das emoções e da inteligência emocional, em que contém capítulos originais com um conjunto de tabelas sinóticas que permitem ter um desenho global imediato, com alguns parágrafos reconfigurados e atualizados. A segunda parte foca a raiva, como essa emoção é um pouco incompreensível e "culpada"; nesta parte trabalhei bastante para sintetizar, encurtar o conteúdo e transformá-lo em exercícios mais concretos. A terceira parte explora a dimensão dos recursos que nos ajudam a gerir o estresse e as emoções; esta parte também foi remanejada e reformulada para deixar o livro mais ágil. Quem amou a primeira edição de *Competências Emocionais* vai aprimorar seus conhecimentos, aprofundando e consolidando suas competências emocionais com um monte de novos exercícios e reflexões.

- **Parte I** – O mundo das emoções: capítulos 1–4
- **Parte II** – A raiva e seu contexto: capítulos 5–6
- **Parte III** – Administrando a raiva e as outras emoções: capítulos 7–8

Desejo uma ótima leitura!

MONICA AMALA SIMIONATO

Parte I

O mundo das emoções

• • • • •

"As pessoas podem não lembrar exatamente o que você fez, ou o que você disse, mas elas sempre lembrarão como você as fez sentir."
Maya Angelou

• • • • •

Capítulo 1

As emoções

1.1 Porque falar de emoções em um mundo organizacional

A inteligência emocional (IE) tem sido tradicionalmente vista como uma competência individual, mas sua importância se estende à dinâmica da equipe dentro das organizações. Quando falamos de equipes de alta performance, pensamos em pessoas que conseguem atingir resultados excelentes para si e para a equipe[1] sem comprometer sua saúde mental[2]. Finalmente as organizações estão se dando conta de que o trabalho pode e deve ser saudável, divertido e enriquecedor. A inteligência emocional contribui para desenvolver um ambiente onde os indivíduos têm como consequência se sentir à vontade para falar abertamente em relação a conflitos ou discrepâncias, desenvolver respeito e confiança, sentir-se suportados nos momentos críticos, de dúvida e incerteza. Por consequência, qualquer situação pode ser gerenciada com benevolência – que não tem nada a ver com moleza!

Imagine uma equipe em que as pessoas se sentem à vontade para falar, compartilhar ideias, fazer perguntas ou expressar preocupações sem serem julgadas, humilhadas ou menosprezadas. Imagine quantas ideias inovadoras podem estar estagnadas em uma equipe em que as pessoas têm medo de proferir palavras, pois sentem na pele o julgamento de quem está lá há mais tempo, de quem tem mais escolaridade ou simplesmente não se expressam porque não sentem confiança nos outros membros da equipe. Imagine quantos erros a menos poderiam ter sido feitos se as dúvidas de última hora, em vez de ficarem congeladas na garganta, tivessem sido expressas. Imagine como as competências sociais da IE sobre empatia, gestão de conflito e liderança inspiradora poderiam nortear um grupo de pessoas a se tornar uma verdadeira equipe.

Conhecer os mecanismos e as competências emocionais, como se expressar de uma forma mais respeitosa e assertiva, fazem parte das condições necessárias para instalar esse ambiente no trabalho. Precisamos entender que esse conceito pode ser aplicado mais facilmente se as pessoas desenvolverem e aplicarem a IE e suas competências. Ao longo destas páginas, examinaremos de perto vários modelos de inteligência emocional e suas capacidades que são completamente aplicáveis a nível organizacional e individual.

Quero ressaltar alguns pontos importantes, segundo a minha experiência de campo. Para que um grupo seja eficaz, precisa satisfazer três condições essenciais: confiança entre os membros, senso de identidade do grupo e senso de eficácia do grupo[3]. O sentimento de pertencimento se torna um dos efeitos de ter equipes desenvolvidas emocionalmente onde não sejam só números, mas sim um ambiente em que possam vestir a camisa sinceramente e que atinjam os objetivos juntos (evitando a síndrome dos silos, cujas equipes de uma mesma organização trabalham separadamente e talvez se façam à guerra).

As equipes interagem emocionalmente a nível individual, grupal e transorganizacional como organismos viventes, de forma sistêmica, holística e integrada[4]. Para que uma equipe seja emocionalmente inteligente, ela precisa navegar e regular as emoções em todos esses níveis. Isso é mais complexo do que a inteligência emocional individual, pois os grupos devem estar cientes das emoções individuais, do humor coletivo e das emoções de outros grupos ou entidades externas. Pessoas que conseguem explicitar e verbalizar suas emoções, de forma positiva, conseguem trabalhar melhor em equipe e ter uma saúde mental eficaz[5].

Quando trabalhamos as emoções a nível individual, estamos construindo os alicerces para gerir e reduzir os conflitos, pois quando um membro se sente desvalorizado ou ameaçado, isso pode prejudicar a eficácia do grupo. Uma equipe que consegue identificar esses obstáculos emocionais pode resolvê-los, garantindo que todos os membros estejam alinhados e contribuindo positivamente.

Sentir frustração é normal, mas quando as pessoas praticam as competências emocionais, elas regulam seus estados emocionais de forma construtiva. Por exemplo, confrontar um membro da equipe que não está contribuindo de modo favorável pode ser crucial, porém esse confronto deve ser construtivo e visar trazer o membro de volta ao alinhamento com os objetivos da equipe. Por outro lado, mostrar cuidado, apoio e compreensão quando um membro da equipe enfrenta desafios pode fortalecer a união do grupo.

Estabelecer normas emocionalmente inteligentes orienta o comportamento e as atitudes dos membros da equipe. Ao adotar normas emocionalmente inteligentes, as equipes promovem ambientes que aumentam a confiança, a identidade e a eficácia do grupo. Essas normas levam a um engajamento completo na tarefa e, consequentemente, a melhores resultados[6].

Ou seja, a IE nas equipes é crucial porque afeta diretamente as condições fundamentais para a eficácia delas. Ao compreender, regular e alavancar de maneira edificante a dinâmica emocional dentro de uma equipe, os grupos podem aumentar sua produtividade, criatividade, saúde mental e desempenho geral[7] nos indivíduos.

A ótima notícia é que[8] a IE pode ser desenvolvida com treinamentos no trabalho para buscar mais significado e satisfação com impacto no dia a dia.

1.2 Liderança e empatia para domesticar a ubris[9]

Nada melhor que ter uma pessoa na liderança que realmente se ocupa e se preocupa com sua equipe. Estudos recentes têm sugerido que a autoridade pode afetar o funcionamento cognitivo[10] e emocional das pessoas[11]. Por exemplo, algumas pesquisas têm mostrado que indivíduos em posições de poder tendem a ter uma maior autoconfiança e habilidade para tomar decisões rápidas. No entanto, também foi observado que o poder possivelmente leva a um comportamento mais impulsivo, com menor empatia e uma tendência a ignorar ou desconsiderar as perspectivas e opiniões dos outros.

Há evidências de que o poder, o fato de ter poder, influencia a estrutura e a atividade cerebral. Isso pode explicar por quê pessoas tão bacanas, assumindo um cargo de liderança, se tornam carrascos irreconhecíveis. Estudos de neuroimagem mostraram diferenças na ativação de certas áreas do cérebro em pessoas em posições de poder, como no córtex pré-frontal, uma região associada ao controle executivo e tomada de decisões. Além disso, pesquisas sugerem que o poder é capaz de influenciar os sistemas de recompensa do cérebro, aumentando a sensibilidade a recompensas e levando a comportamentos de busca a esta, pois a sensação de poder que o papel atribui pode inibir as áreas do lobo frontal que estão conectadas com a empatia[12]. Em outras palavras significa que uma sensação de onipotência pode invadir quem está na liderança. Os gregos antigos chamavam essa sensação de *ubris*. A *ubris* na liderança pode ser definida como um excesso de orgulho, arrogância e autoconfiança por parte de quem lidera. É um estado de espírito em que o líder se considera superior aos outros e acredita que está acima das regras e das limitações. Aqueles que exibem *ubris* na liderança tendem a rebaixar ou menosprezar as opiniões e contribuições dos outros, ignorar conselhos e tomar decisões de forma unilateral e autoritária.

Lideranças que manifestam *ubris* geralmente têm comportamentos prejudiciais tanto para si como para a equipe, organização ou sociedade onde lideram. Eles podem se tornar insensíveis às necessidades e preocupações alheias, buscando apenas seus próprios interesses e objetivos. Incapazes de reconhecer erros ou admitir quando estão errados, podem levar a decisões ruins e ações que prejudicam o conjunto. Além disso, a *ubris* na liderança muitas vezes aliena e desmotiva a equipe. Os membros do grupo podem se sentir desvalorizados e ignorados, o que leva a uma falta de engajamento e comprometimento. A carência de uma comunicação aberta e respeitosa também pode prejudicar o ambiente de trabalho, minando a confiança e a colaboração. É importante que quem lidera esteja consciente dos perigos da *ubris* e busque cultivar qualidades como humildade, empatia e abertura.

A empatia e a vontade de compartilhar conhecimento (coaching e mentoria) fazem parte das competências-chave da inteligência emocional. Reconhecer a importância da colaboração e do trabalho em equipe, valorizar a diversidade de perspectivas e estar disposto a ouvir e aprender com os outros são características essenciais para evitar a *ubris* na liderança. A busca contínua pelo autoconhecimento e o desenvolvimento de habilidades de liderança também são fundamentais para evitar cair nesse padrão de comportamento prejudicial.

Por essa razão, em lugares de liderança, seria imprescindível ter pessoas que desenvolvessem e cuidassem da própria IE, de forma profissionalizante. O saber técnico deve acompanhar a sabedoria emocional e o autoconhecimento. Assim, para conseguir alcançar o melhor, uma persona que queira se definir líder precisa absolutamente perceber quais são seus gatilhos emocionais e como orientar seu comportamento.

A escritora Maya Angelou soube sintetizar de maneira eficaz e ao mesmo tempo poética a importância de desenvolver as competências emocionais: "As pessoas podem não lembrar exatamente o que você fez, ou o que você disse, mas elas sempre lembrarão como você as fez sentir." Em palavras mais ligadas ao mundo das organizações, a IE para construir equipes eficazes é uma bagagem imprescindível para toda liderança!

1.3 Aprimorando o mundo das emoções

As emoções são complexas respostas químicas e neurais do nosso organismo, que se caracterizam por três componentes: uma experiência subjetiva, uma resposta fisiológica e uma resposta comportamental ou expressiva[13]. Sua existência não é casual nem independente do complicado contexto de funcionamento do nosso organismo. Cada emoção desempenha um papel bem definido no corpo humano, cujo princípio último é voltado a proteger e preservar a vida no senso mais amplo, para que a Vida consiga se perpetuar.

Estamos falando de emoções, mas como definir a emoção? Ainda não existe uma significação comum e única de emoção em nenhuma das disciplinas que estudam esse fenômeno.

Alguns pesquisadores[14] tentaram desenvolver um significado aceitável vinda da etimologia do substantivo latim *emovēre* (de "e" como remover, deslocar + "movere" como mover) e encontraram algumas características essenciais para que um "fenômeno x" seja definido como emoção:

x é uma emoção somente se: x é um episódio afetivo; x tem a propriedade de intencionalidade (ou seja, de ser direcionada); x contém mudanças corporais (excitação, expressão etc.) que são percebidas; x contém um episódio perceptivo ou intelectual; y, que tem a propriedade de intencionalidade, e a intencionalidade de x é herdada da intencionalidade de y; x é acionado por pelo menos uma avaliação; x é guiado por pelo menos uma avaliação.

Ou seja, simplificando, podemos falar de emoção se esta se ativa com objetos-situações externos (um cachorro, uma pessoa) ou internos (uma lembrança, uma crença, um pensamento), isto é, se são direcionadas por algo, se tem uma intencionalidade. O episódio pode ser afetivo ou intelectual. A emoção provoca mudanças fisiológicas no corpo e tem uma avaliação: por exemplo, o medo de algo. Os autores reconhecem que mesmo com essas características essenciais, eles não podem ser exaustivos porque falta o vocabulário para falar de algo que ainda demora inefável.

Grande parte da confusão nessa área se deve à sobreposição semântica de denotações e conotações dos termos afeto, emoção e sentimento e respectivos adjetivos e advérbios, bem como uma série de outros termos, como preferências, emoções, atitudes, humores, disposições afetivas ou mesmo posturas interpessoais.[15]

Segundo a Associação Americana de Psicologia (APA)[16], as emoções são a expressão de como os indivíduos lidam com assuntos ou situações que consideram pessoalmente significativas. Diferem-se dos sentimentos (*feelings*), que surgem de uma experiência emocional; um sentimento é o resultado de uma emoção e pode ser influenciado por memórias, crenças e outros fatores. Um humor (*mood*) **é descrito pela APA como "qualquer estado emocional de curta duração, geralmente de baixa intensidade". Os humores diferem das emoções porque** carecem de estímulos e não têm um ponto de partida claro. Por exemplo, insultos podem desencadear a emoção da raiva, enquanto um humor raivoso pode surgir sem causa direta aparente.

Dá para entender que o assunto é realmente complexo e complicado, não somente por falta de vocábulos comuns e compartilhados, mas também porque não temos um conhecimento completo do cérebro, das funções e dos mecanismos psicofisiológicos.

Por fim, o *quid* da questão demora-se também na consciência do que está acontecendo dentro de nós, até porque o corpo executa muitas funções em automático, portanto, mesmo satisfazendo os critérios elencados por Mulligan e Scherer, precisaremos monitorar quanto nossa "máquina maravilhosa" executa, por exemplo, a avaliação do que está ocorrendo de forma automática ou consciente. Assim sendo, a consciência se tornaria um outro critério-chave... Mas também o que entendemos da palavra consciência? Aprofundaremos mais sobre esse tópico no próximo capítulo.

Voltando ao mundo das emoções, uma pergunta que pode surgir seria sobre quantas emoções temos.

Para lembrar das emoções básicas, eis uma historinha sobre nossos antenados das cavernas. Tentamos imaginar o que devia ser se deparar com a sobrevivência numa floresta densa, exuberante de plantas e vegetação e cheia de perigos, sem a possibilidade de pedir ajuda pelo celular, nem de ter uma ambulância para ir ao pronto-socorro. Imaginando esse cenário, podemos mentalizar como um ser humano poderia se sentir quando um perigoso mamute se aproximasse. O protagonista da nossa história, um *homo primitivus* de 160 mil anos atrás, que mede menos de 1,50 metros e que sente de longe os passos de um mamute alto mais de 3 metros, pesando até 6 toneladas! O chão treme, as árvores balançam, talvez as crianças gritem e chorem. O "monstro" está perto. Nesse cenário, quais emoções nosso antenado sentiria? Talvez um pouco de receio sobre a possibilidade de poder controlar um animal tão grande, talvez medo total e descontrolado, pois nosso antenado já viu outros *primitivus* esmagados pela pata do mamute. Talvez nem seja um mamute, mas um igualmente perigoso rinoceronte que perfura com seu corno um imprudente primitivo. Talvez nem seja medo o que o nosso antenado experimenta, poderia ser a raiva de ver o animal pisar sobre o reparo realizado com grande esforço, com ramos de plantas. E depois da raiva, poderia surgir a tristeza por ter perdido seus entes queridos e seu lar ou a alegria de ter sobrevivido. A curto prazo, as quatro emoções básicas se sucedem: raiva, medo, tristeza e alegria.

As emoções são funcionais às experiências que vivenciamos, ajudam-nos a ficar em vida, pois a raiva instiga a força; o medo exige de nós cautela, atenção e observação; a tristeza nos mobiliza por um tempo para nos permitir que retomemos as forças; e a alegria nos encoraja a explorar mais os arredores.

Alguns pesquisadores inserem o desgosto como uma emoção funcional que evita se alimentar de comida não saudável. As emoções são passageiras, sendo que os sentimentos são uma elaboração também cognitiva que se estende em um prazo maior do que experimentamos[17].

Abaixo uma tabela que descreve os sentimentos e o humor mais prováveis para cada emoção.

Emoção	Descrição do estado emocional e dos sentimentos	Comportamento	Função
Alegria	Estado de felicidade, prazer, positividade e bem-estar. Sentimentos de contentamento e entusiasmo.	Se acasalar	Reprodução
Tristeza	Estado de infelicidade ou pena. Sentimentos de desapontamento ou perda.	Chorar	Se reintegrar
Raiva	Estado de intenso desagrado ou hostilidade. Sentimentos de frustração, aborrecimento ou ressentimento, descontentamento, ou de se sentir injustiçado.	Atacar	Destruir
Medo	Estado de apreensão ou ansiedade. Sentimentos de ser ameaçado, inseguro e assustado; tem a ver com sensações de perigo de forma psicológica ou física.	Escapar	Se proteger

Emoção	Descrição do estado emocional e dos sentimentos	Comportamento	Função
Surpresa	Estado de imprevisibilidade. Sentimentos de espanto, curiosidade ou admiração e novidade.	Se imobilizar	Orientação
Desgosto	Estado de repulsa ou aversão. Sentimentos de desprezo ou desgosto.	Vomitar	Repulsão
Confiança	Estado de certeza e segurança, convicção interna de que algo será conforme ao esperado. Sentimentos de segurança, autoestima, otimismo.	Se aliar com alguém	Inclusão
Antecipação	Estado de expectativa de um evento futuro. Sentimentos de antecipação e planejamento de algo que ainda está incerto e pode ser positivo ou negativo.	Examinar	Explorar

Tabela 1. Visão sinóptica das emoções, sentimentos, comportamento e função (PLUTCHIK, 1997; EKMAN, 1971). Elaboração da autora.

1.4 Reconhecendo as emoções no rosto

Em seu livro *A Expressão das Emoções no Homem e nos Animais*, publicado em 1872, Charles Darwin explorou a expressão das emoções tanto em humanos quanto em animais. Darwin argumenta que as emoções evoluíram como respostas adaptativas a situações específicas, desempenhando funções importantes na sobrevivência e nas interações sociais.

Darwin propôs que as expressões emocionais possuem características universais que podem ser observadas em diferentes culturas e espécies. Ele estudou expressões faciais, posturas corporais, vocalizações e outras pistas não verbais associadas a emoções, comparando-as entre populações humanas e diferentes espécies animais. Darwin argumentou que essas expressões evoluíram de ancestrais comuns e estão enraizadas em mecanismos fisiológicos e comportamentais compartilhados.

Segundo o cientista, as emoções não são apenas uma característica humana, mas estão presentes também nos animais. Ele acreditava que muitas expressões emocionais em animais são semelhantes às dos humanos, sugerindo uma herança evolutiva compartilhada. Suas observações e comparações das expressões emocionais entre as espécies contribuíram para a compreensão de que as emoções têm uma base biológica e evolutiva.

No final dos anos 1960, os pesquisadores Paul Ekman e Wallace Friesen[18] viajaram até uma tribo que estava vivendo ainda na época da pedra, em Nova Guiné, não contaminada pela civilização e, principalmente, pela televisão. Os dois pesquisadores utilizaram o recurso de fotografias com expressões faciais para compreender quais emoções seriam associadas pela tribo da Nova Guiné. De fato, os músculos do rosto contraem-se em expressões faciais que permitem identificar emoções sem explicação verbal: alegria, raiva, medo, tristeza, desgosto, surpresa e menosprezo[19].

Ekman se apaixonou totalmente pela pesquisa até que começou a estudar as microexpressões faciais, ou seja, as expressões faciais que se produzem em uma fração de segundo, as quais mostram uma fuga involuntária da verdadeira emoção que a pessoa experimenta e que quer esconder ou dissimular. As emoções exibidas pelo rosto foram estudadas por meio da observação atenta de fotografias, filmadas e examinadas no redutor de velocidade. Ekman estudou durante anos as expressões faciais, recolhendo grande quantidade de dados. Mediante suas pesquisas[20], foi possível chegar a uma descrição detalhada dos movimentos de muitos músculos faciais, descobrindo-se a extraordinária complexidade que se pode atuar no rosto: em questão de segundos, podemos mostrar "microemoções" que a maioria dos observadores nem perceberia, dada a curta duração de sua manifestação. O detalhado trabalho de Ekman, sobre quais são os músculos faciais engajados no movimento típico de cada emoção, são cruciais para podermos entender a manifestação do sentir emocional interior da pessoa.

Essas expressões faciais são sinais fundamentais das emoções, os quais são profundamente arraigados e marcantes na estrutura genética, independentes da cultura e do lugar, e facilmente reconhecíveis também em desenhos estilizados de algumas particularidades do rosto. Em especial, nosso sistema de referência para compreender as emoções baseia-se, essencialmente, em alguns elementos principais (posição dos olhos, da sobrancelha, da boca) e em alguns elementos de contorno (expressão da fronte, posição do nariz).

Ekman conquistou a fama de fino conhecedor das emoções e, portanto, de descobridor das mentiras. O seriado *Lie to Me*[21] se inspira exatamente nesse famoso cientista: na ficção, um pesquisador detetive vem sendo chamado para resolver casos de delitos. Sua tarefa consiste em descobrir se a emoção que os culpados mostram corresponde à realidade ou se as pessoas tentam reproduzir, de forma teatral. A atenção ao detalhe do movimento dos músculos ajuda o detetive pesquisador a entender se, na sua frente, se esconde um culpado mentiroso ou um inocente. Em cada episódio são ensinados técnicas e truques para compreender mais sobre as emoções, além de contar histórias cativantes. Nas minhas aulas na universidade e nas empresas, utilizo bastante o recurso visual e muitos trechos desse seriado são bem explicativos sobre qual parte do rosto observar e quais os músculos envolvidos para cada emoção.

Ekman oferece um curso específico para compreender as microexpressões e mostrar em detalhe os movimentos musculares do rosto, assim, no final, os participantes possam distinguir um sorriso verdadeiro de um sorriso falso ou uma expressão de desgosto mal selada.

1.5 As emoções têm família

Nos anos 1970, os pesquisadores Richard e Julie Gottman[22] desenvolveram um jogo com 135 cartas emocionais divididas em 6 famílias de emoção. Os dois eram especialistas em relacionamentos de casal e criaram esse jogo como parte de seu trabalho de alfabetização emocional e construção de relacionamentos. O jogo é projetado para melhorar a consciência emocional e as habilidades de comunicação em indivíduos e casais. Os jogadores usam as cartas de emoção para identificar, discutir e refletir sobre diferentes experiências emocionais. O objetivo era desenvolver uma atenção maior para o mundo das emoções, empatia e comunicação emocional eficaz nos relacionamentos.

Para fomentar a reflexão e adquirir mais consciência sobre as emoções e suas nuances, vamos colocar na tabela a seguir as principais famílias de emoções na coluna esquerda e, na coluna direta, as suas nuances; como desafio, podemos tentar pôr as nuances em ordem crescente, partindo da menos intensa. A colocação das nuances pode variar de pessoa para pessoa, pois se trata de uma classificação extremamente individual que pode mudar segundo o evento que vivenciamos e que pode ter a participação simultânea de várias emoções de famílias diferentes. A definição de cada emoção e das suas nuances não tem uma linguagem única, por essa razão não existem gabaritos universais!

Família da emoção	Nuances
1. Alegria	Ex.: serenidade, entusiasmo, gentileza, confiança...
2. Tristeza	
3. Raiva	
4. Medo	
5. Surpresa	
6. Desgosto	

Tabela 2. As nuances das emoções (GOTTMAN, 2007). Elaboração da autora.

1.6 A roda das emoções

O modelo de emoções de Robert Plutchik[23] é conhecido como a "roda das emoções" e contém oito emoções primárias, cada uma com sua emoção oposta, que ele organizou em um diagrama circular e tridimensional. O modelo enfatiza que as emoções são experiências complexas e multidimensionais que podem influenciar e interagir entre elas.

As emoções se manifestam com intensidades variadas. Existem diversos matizes para cada emoção básica. No círculo central, estão registradas aquelas consideradas básicas, enquanto no círculo externo, suas principais nuances. Na família da alegria, temos a extasia como nuance mais intensa, já alegria e serenidade, como degrau menor; a confiança cresce de intensidade na admiração e baixa com a aprovação; o medo se torna terror quando mais intenso ou apreensão quando menor; assombro se torna surpresa e distração; a angústia se torna tristeza e abatimento; a repugnância, com a nuance do nojo e do tédio; a ira, com as nuances de irritação e aborrecimento; a vigilância, com antecipação e interesse. Extasia se opõe à angústia, repugnância se opõe à admiração, medo se opõe à ira e vigilância se opõe ao assombro. Cada pétala tem nuances.

O modelo de Plutchik sugere que as emoções primárias podem se combinar e interagir para formar uma variedade de emoções secundárias e terciárias. Por exemplo, serenidade e aprovação combinadas se transformam em amor, enquanto unir serenidade com interesse se torna otimismo.

Cada emoção é caracterizada pela qualidade, ou seja, se a emoção é negativa ou positiva, há potência; se a emoção for forte ou fraca, há atividade, isto é, a reação provocada em quem a experimenta. A característica que suscita mais discussões é a qualidade: podem existir somente emoções positivas, como alegria, surpresa e amor, ou só as negativas, como raiva, tristeza e medo?

Uma abordagem mais ampla considera que cada emoção é uma resposta funcional ao evento que a provocou, e, como tal, abstém-se de qualquer julgamento, positivo ou negativo. No entanto, as explicitações das emoções e seu mau direcionamento podem ser negativos.

Pensamos, por exemplo, na raiva: sentir raiva é perfeitamente natural e sadio, porém pode ser negativo a maneira de dirigir a nossa emotividade aos outros ou a nós mesmos.

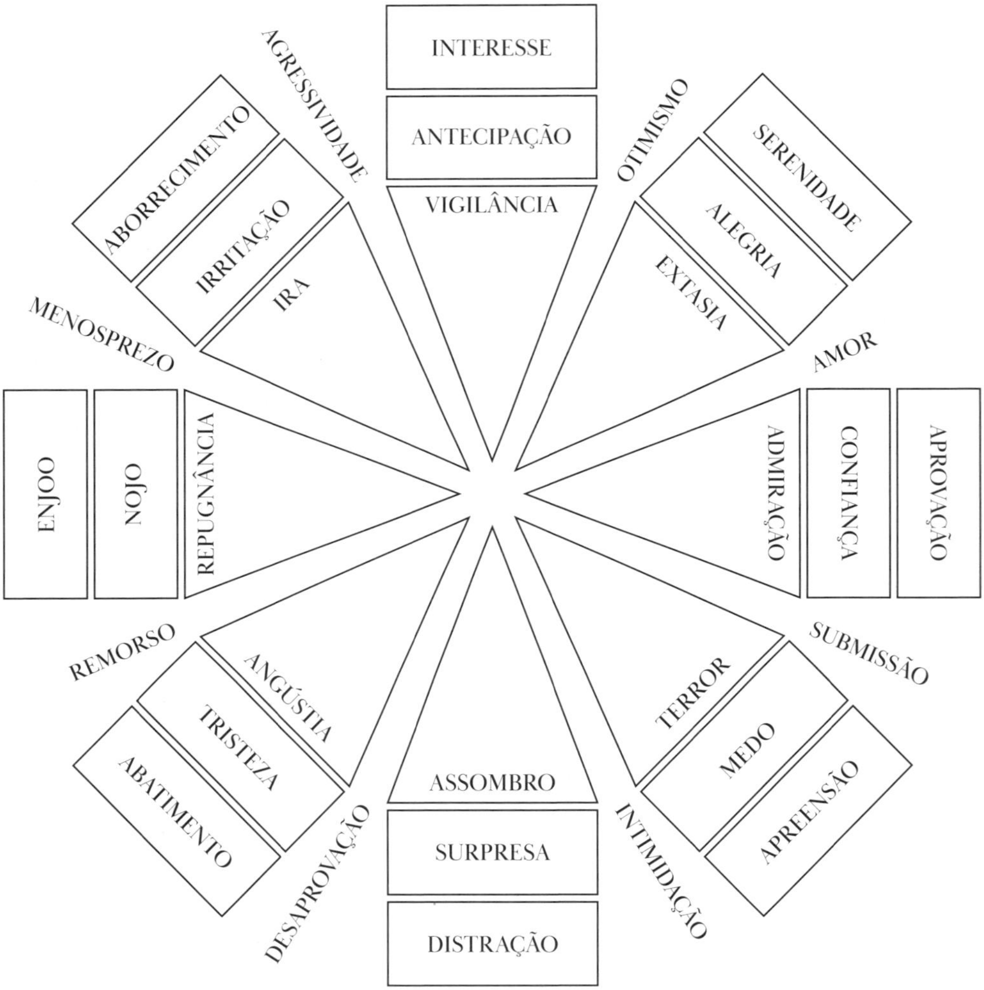

Figura 1. A roda das emoções de Plutchik.[24]

1.7 As Inteligências Múltiplas (IM)

Se podemos falar de inteligência emocional nas escolas assim como nos locais de negócios, devemos isso sobretudo a Howard Gardner que, desde que ingressou na universidade de Harvard nos anos 1960, trabalhou como pesquisador em ciências da educação. Seus interesses se orientavam a respeito dos problemas de cognição e criatividade.

A investigação de Gardner nasce como forma de protesto em meio aos debates contra a concepção de uma inteligência única como algo mensurável por testes lógicos e questões limitadas. Por meio de pesquisas de campo, observando milhares de crianças, Gardner[25] propôs a existência de várias "inteligências humanas", que, combinadas de diferentes formas, tornam cada indivíduo um ser absolutamente único. Além disso, Gardner introduz o conceito de influência cultural dependendo de diferentes contextos, nos quais os indivíduos têm tendências específicas a desenvolver um determinado tipo de inteligência.

Sua teoria da inteligência múltipla (IM), que o tornou famoso, é contemporaneamente uma das mais aceitas. A fala de Gardner não é uma mera crítica à metodologia de avaliação e mensuração dos testes, mas, ao contrário, um convite à ampliação de nossa visão sobre o intelecto.

Nossa civilização ocidental atual cultivou a herança da cultura greco-romana, e esse sistema de ideias tem dominado as discussões sobre a condição humana desde então[26]. Nossas teorias filosóficas-culturais insistem na existência de poderes mentais: capacidades que são chamadas de "racionalidade", "inteligência" ou "manifestações da mente". Tanto que no início do século passado, um psicólogo francês chamado Alfred Binet foi incumbido por seu governo de elaborar um teste para avaliar "a inteligência" das crianças por meio de uma bateria de perguntas e atividades baseadas essencialmente em habilidades linguísticas, lógicas e espaciais. O trabalho de Binet foi tão apreciado que ainda hoje chamamos de QI (Quociente Inteligente) o resultado obtido por seu teste[27].

Gardner, ao contrário, propõe a existência de diferentes tipos de inteligência que operam de forma relativamente autônoma umas das outras. Os critérios para sustentar sua teoria foram extraídos de diversas disciplinas: psicologia, estudos de casos, observações etnográficas, antropologia e ciências biológicas.

A inteligência emocional, assim vulgarizada pelo Goleman principalmente, pousa também sobre os alicerces de vários pesquisadores, entre eles os de Gardner, que na sua pesquisa define duas formas de inteligência ligadas às emoções: a intrapessoal e a interpessoal; as duas vulgarizadas *tout court* como "inteligência emocional".

1.8 Critérios para definir uma inteligência

O que entendemos com a palavra inteligência? Tente defini-la antes de prosseguir na leitura. Nas ideias do Gardner não existe uma dimensão única e uma definição completa, ao menos a se pensar em critérios complementares. Com o propósito de demonstrar a veracidade do que afirma, Gardner apresenta alguns parâmetros básicos que lhe permitem definir e confirmar a existência de uma inteligência:

1. Potencial isolamento por dano cerebral: por exemplo, a habilidade linguística pode ser comprometida;

2. Existência de crianças-prodígio, gênios e outros indivíduos excepcionais: tais indivíduos permitem que se observe a inteligência em uma situação de relativo isolamento;

3. Existência de ação ou de um conjunto de ações distintivas: a inteligência musical, por exemplo, consiste na sensibilidade de uma pessoa à melodia, harmonia, ritmo, timbre e estrutura musical;

4. Possibilidade de identificação de um percurso evolutivo: se observarmos a habilidade, por exemplo, de um atleta ou de um naturalista experiente, podemos ver degraus de habilidades crescentes para desenvolver aquela capacidade;

5. Possibilidade de uma história evolutiva plausível: se pode observar formas de inteligência espacial em mamíferos ou de inteligência musical nos pássaros;

6. Existência de dados que sustentem a psicologia experimental: pesquisadores elaboraram algumas tarefas para entender quais habilidades são correlatas entre si e quais são independentes;

7. Existência de dados que sustentem a psicometria: a bateria de testes revela quais tarefas refletem um mesmo fator subjacente e quais não;

8. Possibilidade de codificação de um sistema simbólico: códigos como a língua, a aritmética, os mapas e as expressões lógicas caracterizam componentes importantes da respectiva inteligência.

A teoria da inteligência múltipla (IM) de Gardner[28] contém duas mensagens marcantes e revolucionárias:

1. Todo ser humano tem e/ou pode desenvolver os oito tipos de inteligências, com grau de desenvolvimento diferente;

2. Todo ser humano é único e diverso, porque possuímos personalidade e temperamento, frutos também dos diversos perfis da inteligência.

Muitos dos estudos de Gardner perpassam entre a psicologia e o estudo dos mecanismos de aprendizagem do ser humano. Em seus escritos, encontramos apelos e propostas de novos sistemas de ensino e aprendizagem nas escolas. Para difundir a filosofia contida na sua teoria científica, é mais importante descobrir as atitudes pessoais de cada um e propor programas formativos adequados em vez de conhecer seu QI, que indicaria sua carreira. Aplicada de modo correto, a teoria IM pode ajudar todos a desenvolverem o próprio potencial humano, desde a escola ao lugar de trabalho, a serviço da humanidade.

As oito tipologias de inteligência, segundo Gardner

Com base nesta análise e nos critérios, Gardner foi capaz de isolar oito tipos de inteligência e de se questionar sobre uma nona:

1. **Inteligência musical**

   As pessoas que possuem esse tipo de inteligência têm sensibilidade aos sons, ritmos e tons musicais, sendo capazes de cantar, tocar instrumentos musicais e compor músicas. Podem ser compositores, diretores, músicos ou críticos musicais.

2. **Espaço-visual**

   Esta inteligência lida com a mentalização e visualização espacial. Quem a desenvolve possui a capacidade de perceber com precisão o mundo visível, transformando e modificando percepções visuais ou imaginativas, bem como recriando as experiências visíveis, mesmo na ausência de estímulos físicos. Essas pessoas podem trabalhar com sucesso como arquitetos, escultores, cartógrafos, navegadores ou jogadores de xadrez.

3. **Linguística-verbal**

   Pessoas com alta inteligência linguística-verbal apresentam facilidade com palavras e idiomas. São pessoas tipicamente boas em ler, escrever, contar histórias e memorizar palavras. A habilidade verbal é uma das aptidões mais carregadas de poetas, escritores e linguistas.

4. **Lógico-matemática**

   Esta inteligência tem a ver com lógica, abstração, raciocínio, números e pensamento crítico. As pessoas com essa inteligência têm a capacidade de entender as relações e os princípios subjacentes dos sistemas causais, como matemáticos, cientistas e filósofos.

5. **Corpo-cinestésica**

Os elementos centrais da inteligência corporal-cinestésica são o controle dos movimentos corporais e a capacidade de manusear objetos com habilidade. Isso inclui o senso de tempo e o senso de objetivo de uma ação física, juntamente com a competência de treinar respostas físicas apropriadas. As pessoas que têm alta essa inteligência geralmente são boas em atividades físicas, como esportes, dança e trabalhos manuais.

6. **Naturalística**

Esta inteligência é caracterizada por pessoas que podem reconhecer flora, fauna e tipos de rochas, além de fazerem outras distinções precisas no mundo natural, que para quem não tem este tipo de inteligência desenvolvida não fazem o menor sentido. Eles podem usar essa habilidade na agricultura e nas ciências biológicas. Essa área tem a ver com alimentar e relacionar informações com ambientes naturais, como biólogos, geólogos, botânicos ou veterinários.

7. **Interpessoal**

Indivíduos com inteligência interpessoal são caracterizados por sua sensibilidade ao humor, sentimentos, temperamentos, motivações dos outros e sua capacidade de cooperar e trabalhar como parte de um grupo. Segundo palavras de Gardner, isso é muito mais do que ser extrovertido, pois envolve as pessoas em uma comunicação eficaz e empática com os outros, por meio da discussão e do debate. Pessoas com essa inteligência podem ser líderes ou seguidores confiáveis.

8. **Intrapessoal**

Esta área tem a ver com habilitações introspectivas e autorreflexivas. As pessoas com essa inteligência tem uma compreensão profunda de si mesmas, pois identificam facilmente seus pontos fortes e fracos, o que as torna únicas. Elas são capazes de prever suas próprias emoções e reações.

A IE, nos escritos do Goleman, reagrupa a inteligência intrapessoal e a interpessoal nomeadas por Gardner.

Gardner[29] propõe também uma nona inteligência, a existencial[30], que controla a tendência humana de se elevar e refletir sobre questões fundamentais relativas à existência, vida, morte e finitude. Assim, o autor escreve no seu blog: "A inteligência existencial é a capacidade cognitiva de levantar e ponderar 'grandes questões' – indagações sobre o amor, sobre o mal, sobre a vida e a morte – de fato em relação à natureza e à qualidade da existência. Eu brinquei que essas são as perguntas que quase todas as crianças levantam – mas a maioria dos jovens está mais envolvida em fazer a pergunta do que em ponderar as possíveis respostas.

Questões existenciais são o escopo particular de filósofos e líderes religiosos, porém a maioria de nós discorre sobre elas de tempos em tempos, e elas são levantadas regularmente em obras de arte e literatura. Pensadores religiosos como o Dalai Lama e filósofos como Sören Kierkegaard representam este tipo de inteligência."

Essa nova inteligência exige, no entanto, uma verificação mais aprofundada para determinar se pode ser classificada como uma inteligência, ainda que Gardner insista que este é o período histórico certo para desenvolvê-la, porque os eventos mundiais o demandam (Covid-19, guerras ao redor do mundo, mudanças climáticas, despertar de movimentos fascistas e democracias em perigo).

1.9 A inteligência emocional

O conceito de inteligência emocional (IE) foi elaborado sobre conhecimentos desenvolvidos por vários pesquisadores, entre eles: Gardner (1983), como vimos, que focalizou sobre a pluralidade das formas de inteligência, em particular a intrapessoal e a interpessoal; Peter Salovey e John Mayer (1990), que começaram a elaborar uma definição para a IE; e Daniel Goleman que, com seu livro *Inteligência Emocional* (1996), vulgariza e divulga um conteúdo próprio da IE e de muitos outros pesquisadores.

Salovey e Mayer (1990)[31] definiram a IE como: "Uma forma de inteligência que envolve a habilidade de controlar os próprios sentimentos e emoções e os dos outros, distinguir entre diferentes emoções e usar essa informação para orientar pensamentos e ações" e como "Capacidade de perceber e expressar emoções, integrá-las para facilitar o pensamento, compreender e raciocinar com elas, bem como regular as nossas emoções e as dos outros".

O livro de Daniel Goleman de 1996 difundiu todos os conceitos acadêmicos dando aos leitores múltiplos exemplos tirados da vida cotidiana e profissional. Uma definição[32] mais elaborada percebe que "A inteligência emocional é observada quando uma pessoa demonstra as competências da autoconsciência, do autogerenciamento, da consciência social e das habilidades sociais em momentos e maneiras apropriadas com uma frequência suficiente para que sejam eficazes naquela situação".

Goleman simplificou conceitos e teorias, abrindo a psicologia para o grande público por meio de livros, artigos e entrevistas com diversos pesquisadores. Ele realizou o honroso trabalho de popularizar a sigla QE (Quociente Emocional[33]), de forma bastante provocativa, contra o conceito histórico oposto de QI (Quociente de Inteligência[34]). O termo QE refere-se ao grau de capacidade que temos de reconhecer os nossos sentimentos e os dos outros, a nossa automotivação, a gestão positiva das nossas emoções, tanto interna como externamente, e as relações sociais.

Dessa forma, IE e QE entraram também no mundo dos negócios. Mesmo que as implicações da teoria da IE ainda sejam recentes, as habilidades comportamentais e emocionais vêm ocupando, cada vez mais, espaços no desenvolvimento da nossa sociedade, partindo das escolas até chegar ao mundo organizacional. É importante aprender a administrar nossos sentimentos de modo eficaz e empático, principalmente em momentos críticos e para pessoas que estão em posição de liderança.

Imaginar introduzir as competências emocionais desde criança, em um ambiente educativo como a escola, nos oferece a possibilidade de ter um mundo mais calmo e consciente. Ao termos adultos que já sabem administrar suas emoções de maneira saudável, pois aprenderam a sentir, conhecer e administrá-las quando criança, agrega-se um valor enorme às suas vidas: em vez de serem vítimas das emoções, essas crianças já sabem como metabolizar emoções difíceis como a raiva. Esses novos adultos, que desde criança sabem "olhar nos olhos" a emoção e dialogar, sem automatismos, podem resolver problemas sociais complexos.

A IE é a capacidade de criar situações positivas em nossos relacionamentos com os outros e com nós mesmos. Situações essas que incluem diversão, otimismo e sucesso no trabalho, no ensino e na vida. O desenvolvimento da IE traz benefícios para o desempenho profissional e acadêmico, como também para a vida privada (casamento, amizade, saúde).

A grande revolução desse conceito é que reverte algumas teses sobre inteligência, que por muitos anos foram absolutas. As palavras emoção e sentimento sempre estiveram associadas à ideia de irracionalidade, de desordem e de incontrolável em qualquer ambiente e sobretudo nas organizações[35].

A teoria da IE demonstra, com metodologia científica, que os sentimentos seguem uma lógica precisa, ou melhor psicológica, que se mostra ilógica apenas para quem não conhece o *modus operandi* da emoção. Uma maior "consciência de si" pode ser de imensa ajuda àquelas pessoas com dificuldades de relacionamento ou de autoaceitação. Vários pesquisadores afirmam que na raiz de quase todos os problemas sociais, como exclusão, drogas, violência, depressão e suicídio[36], acham-se na profunda ignorância sobre a forma e a natureza das próprias emoções, falta de autocontrole e ausência de empatia.

As implicações da teoria sobre inteligência emocional são ainda de recente aprovação e implantação no mundo empresarial e organizacional. Atualmente, as aptidões comportamentais emocionais vêm tendo uma importância crescente, uma vez que as emoções conseguem levar vantagem sobre as ações. É importante aprender a administrar nossos sentimentos e emoções, principalmente nos momentos críticos[37]. Quem ocupa posições de liderança deveria rapidamente desenvolver sua inteligência emocional[38].

1.10 As reações fisiológicas do corpo

Certa vez, lembro que durante uma aula na universidade de Turim, um estudante afirmou que desejava continuar experimentando emoções, que não as queria eliminar da sua vida, caso contrário se sentiria um defunto. É verdade, sem emoções seríamos uns "zumbis", porém cuidado para não confundir: sentir as emoções e viver intensamente são situações bem diferentes de ser vítima delas, de não saber o porquê se faz ou se diz algo, de ser uma marionete movida por elas, terminando por se arrepender depois.

Nossas emoções são uma fonte preciosa de informação, ajudando-nos a tomar decisões. Pesquisas mostram que quando alguém sofre um acidente repentino, no qual a parte do cérebro que lida com as emoções é danificada, a pessoa fica incapaz até de decidir coisas mais simples. Isso acontece porque o indivíduo não consegue entender o sentimento dele sobre as escolhas que faz. A ausência de emocionalidade, chamada de alexitimia[39], é um grave distúrbio psiquiátrico. Os afetados por esse distúrbio são incapazes de interagir com outras pessoas ou até consigo mesmos: agem como um robô; não há emoção em seu discurso; não percebem diferenças emocionais em si; são incapazes de expressar qualquer reação interior. As decisões são indiferentes, pois raiva, alegria ou felicidade não são mais indícios para chegar a um caminho.

As emoções influenciam os nossos circuitos cerebrais, e uma única resposta emocional pode ser responsável por mudanças, tanto em nosso corpo como em nosso cérebro. As alterações cerebrais que são geradas pelas emoções se manifestam gradualmente, sendo categorizadas e organizadas em classes particulares do nosso cérebro, até se transformarem em configurações neurais constituindo a base dos "sentimentos"[40].

Particularmente, as respostas emocionais demandam uma ativação do Sistema Nervoso Central (SNC), do Sistema Nervoso Autônomo (SNA) e do Sistema Endócrino (SE).

O SNC é composto pelo encéfalo e pela medula espinhal. É responsável pelo controle e coordenação das funções cognitivas, sensoriais e motoras do corpo. O cérebro processa informações dos sentidos, regula o pensamento, o aprendizado e as emoções e coordena as respostas motoras voluntárias. A medula espinhal transmite informações sensoriais para o cérebro e envia sinais motores do córtex cerebral para os músculos e órgãos.

O SNA é responsável por controlar funções corporais involuntárias e automáticas, como frequência cardíaca, respiração, digestão e regulação da temperatura corporal. O SNA opera de forma autônoma, além do controle consciente, e é dividido em dois subsistemas principais:

1. **Sistema Nervoso Simpático (SNS)**: prepara o corpo para a ação em resposta ao estresse ou a situações perigosas. Aciona respostas de luta ou fuga, aumentando a frequência cardíaca, a pressão arterial, a dilatação da pupila e a mobilização de recursos energéticos;
2. **Sistema Nervoso Parassimpático (SNP)**: promove o relaxamento e a retomada das funções corporais normais após um período de ativação simpática. Reduz a frequência cardíaca, estimula a digestão e promove o descanso e a conservação de energia.

O papel do SNC está ligado à elaboração cognitiva do dado emocional, de forma que o cérebro faça uma avaliação do estímulo e decida o comportamento adequado (que pode ser automático). No caso de emoções básicas, como a raiva, existem planos de comportamento definidos, que resultam em ação imediata do organismo em curtíssimo tempo, de maneira a anteceder e interromper outros processos em ação. Se imaginarmos por um momento nossa mente como uma metrópole na qual se cruzam rodovias, trilhas e ruas, poderíamos dizer que para as emoções básicas, como a raiva, existem "atalhos" que as façam chegar primeiro ao destino.

O SNA é responsável pelas alterações das funções do corpo, sejam elas diretamente visíveis (enrubescimento, suor, dilatação da pupila) ou internas, invisíveis, mas mensuráveis (frequência cardíaca, pressão sanguínea): são mudanças involuntárias verificadas em casos de ativação emocional, difíceis de inibir. O sistema endócrino se ocupa da produção dos hormônios necessários à ativação do SNA.

Há uma ligação direta entre a amígdala, também conhecida como "a sentinela das emoções", e o tálamo, que permite uma via veloz – ainda que imprecisa – de transmissão do dado emocional urgente, que não passa pelo neocórtex. Especificamente, o controle da atividade emocional está a cargo dos lobos pré-frontais do cérebro. Os lobos esquerdos, ademais, estariam encarregados de modular as emoções negativas. Os lobos pré-frontais controlam, portanto, as solicitações emocionais provenientes da amígdala e de outras partes do sistema límbico.

No final dos anos 1990, o cientista Stephen Porges formulou a teoria polivagal[41], que contribuiu enormemente para entender melhor o funcionamento do nosso sistema nervoso. O nervo vago é um nervo craniano que se estende pelo pescoço e pelo tórax, indo até o abdômen, ramificando-se para diversas áreas do corpo, incluindo o coração, os pulmões, o sistema digestivo e outras partes do sistema nervoso autônomo. O nervo vago tem uma parte dorsal e uma ventral: quando estamos bem, sentimo-nos amparados e seguros, cercados de pessoas de confiança, com quem podemos interagir sem receio. Já conforme a parte ventral do nervo está ativa, provavelmente nos corregulamos juntos com as pessoas ao nosso redor. Mas se por acaso na sala entra aquele chefe carrasco, aquele bruto que já nos humilhou várias vezes, eis que somente sua presença ativa o ramo dorsal do nervo vago e de repente sentimos que nossa energia abaixa, nossa alegria se dispersa e sentimos um mal-estar difuso. Tudo isso de forma absolutamente involuntária.

As emoções humanas, portanto, dependem de muitos fatores e são acompanhadas por uma série de reações fisiológicas envolvendo diferentes sistemas do corpo. Algumas das reações físicas e fisiológicas típicas (mas que variam de acordo com o tipo de emoção e com o indivíduo envolvido) associadas a diferentes emoções estão listadas abaixo.

Sinais físicos e fisiológicos envolvidos nas emoções	
1. Rosto	Mudanças na expressão facial, como sorrisos, rugas ao redor dos olhos ou músculos tensos e testa franzida.
2. Voz	A voz pode mudar durante a excitação emocional, manifestando-se com volume ou tons mais agudos, vozes trêmulas, gritos ou gemidos, pausa alongada ou ritmo rápido.

3. Postura e movimento	Diferentes emoções podem afetar nossa postura, levando-nos a nos encolher em caso de tristeza ou a estufar o peito em caso de raiva. Além disso, a agitação ou a energia podem aumentar à medida que aumenta a excitação emocional.
4. Frequência cardíaca	Emoções intensas podem fazer com que sua frequência cardíaca mude de ritmo natural, aumentando ou ralentando, especialmente quando você está experimentando emoções como medo ou excitação.
5. Transpiração	A excitação emocional pode levar ao aumento da transpiração, especialmente nas mãos e nas axilas.
6. Temperatura do corpo	A excitação emocional pode afetar a temperatura do corpo, com tendência a se sentir mais quente ou mais frio, dependendo das emoções.
7. Pupila	Em condições de alta excitação emocional, as pupilas podem dilatar para permitir uma observação mais clara e para maior atenção.
8. Padrão respiratório	Certas emoções podem afetar o padrão respiratório, levando a uma respiração mais rápida ou superficial.
9. Tensão muscular	A excitação emocional pode causar tensão muscular em diferentes partes do corpo, como ombros ou punhos fechados.

Tabela 3. Sinais físicos e fisiológicos envolvidos nas emoções. Elaboração da autora.

Em seguida, uma tabela que mostra os sinais físicos e fisiológicos para cada emoção. A advertência continua sendo a mesma: essas manifestações podem variar de pessoa para pessoa e que uma única emoção pode resultar em uma combinação de sinais físicos e fisiológicos diferentes. Ademais, as emoções são complexas e envolvem processos cognitivos e sociais, além das reações fisiológicas aqui descritas. Finalmente, como veremos nos capítulos seguintes, o contexto cultural e as experiências individuais podem influenciar a percepção e a expressão das emoções.

Emoção	Sinais fisiológicos e físicos
Alegria	• Sorriso no rosto; • Olhos brilhantes; • Voz com ritmo e volume intenso; • Aumento de energia e atividade física; • Sensação de leveza ou excitação; • Aumento da frequência cardíaca e da pressão arterial; • Liberação de endorfinas, os hormônios do bem-estar.
Tristeza	• Expressão facial abatida; • Lágrimas; • Volume da voz baixo, silêncios alongados entre uma palavra e outra; • Lentidão de movimentos e postura curvada; • Sensação de peso ou cansaço; • Redução de energia e atividade física; • Baixa frequência cardíaca e pressão arterial.
Medo	• Olhos arregalados; • Dilatação das pupilas; • Pode faltar a voz; • Palidez ou transpiração excessiva; • Aumento da frequência cardíaca e da respiração; • Contração muscular; • Aumento da secreção de adrenalina.

Raiva	• Dentes ou punhos cerrados; • Aumento da tensão muscular; • Volume da voz elevado, ritmo concitado; • Aumento da frequência cardíaca e da pressão arterial; • Respiração acelerada; • Liberação de adrenalina e noradrenalina.
Desgosto	• Expressão de nojo no rosto (nariz enrugado, lábios franzidos); • Rejeição ou remoção física da fonte de repulsa; • Náuseas ou desconforto estomacal; • Redução do apetite; • Contração muscular, especialmente dos músculos do trato gastrointestinal.
Surpresa	• Sobrancelhas levantadas e olhos bem abertos; • Boca aberta; • Aumento da frequência cardíaca e da respiração; • Paralisia muscular momentânea; • Atenção voltada à busca de estímulos surpreendentes.

Tabela 4. Sinais físicos e fisiológicos para cada emoção. Elaboração da autora.

Capítulo 2

Consciência e comportamento

2.1 Saindo da roda do hamster

O oráculo dos Delfos, na Grécia, apresentava gravada na frente de seu templo a frase: "Conhece-te a ti mesmo e serás senhor do céu e da terra." Na Grécia, hoje, restam apenas algumas ruínas desse templo que atraía pessoas de todas as partes que solicitavam conselho e orientação. O que os visitantes recebiam eram frases bem herméticas com a advertência *Gnothi Seauton* (Conhece-te a ti mesmo). Essa frase acompanhava cada responso: era um slogan simples, de fácil recordação.

Ser consciente e se conhecer são duas dimensões da IE que caminham juntas, mesmo que nem sempre quem se conhece tenha uma consciência 100% ou esteja consciente de si continuamente. O contrário também vale: podemos ter uma consciência ativa do que vivemos e não conseguir ligar com todos os episódios que experimentamos de forma narrativa e significativa.

Podemos definir o conceito de consciência como uma "presença total e atenta" do nosso ser ao momento presente, ou seja, estar totalmente presente em nosso corpo (corpo e mente), sem se distrair ou se preocupar com pensamentos, preocupações internas e distrações externas. A presença total e atenta é sempre associada a práticas de atenção plena e à capacidade de cultivar um profundo senso de consciência e foco no presente, observando e aceitando os próprios pensamentos, emoções e sensações físicas sem julgamento ou apego[42]. Ao estarem totalmente presentes, os indivíduos podem aumentar sua habilidade de se conectar com os outros, tomar decisões claras e experimentar uma maior sensação de paz e bem-estar.

Em vários contextos, a presença plena é vista como um estado que permite que os indivíduos se envolvam totalmente com o momento presente e tragam todo o seu ser para a experiência. Essa habilidade pode ser desenvolvida por meio da prática e treinamento em técnicas de *mindfulness*. A absoluta presença se torna imprescindível para o desenvolvimento das competências emocionais, ou seja, a consciência emocional, o que estamos vivendo naquele momento do ponto de vista da sensação-emoção. De fato, trata-se de uma situação de metacognição: ser conscientes de estar conscientes, pois isso nos ajuda a nos regular mesmo durante emoções intensas.

A correria, as tarefas incumbentes, as preocupações pessoais e as notícias do mundo contribuem para a distorção da nossa atenção principal de nós para algo externo. A atenção ao nosso ser não tem nada de egocêntrico ou de narcisista, pelo contrário. Prestar atenção às nossas emoções, conhecer-se melhor, nos guia a uma existência mais autêntica, menos falsa e hipócrita, que abriga a nossa verdade interna sem ser manipulada pelos eventos externos. Durante minhas formações, falo bastante da analogia da nossa rotina corriqueira com a existência de um hamster que está dentro da sua jaula, correndo na roda para lugar algum. Nós também estamos sempre na correria, que sejam tarefas mentais ou práticas, estamos dentro da nossa roda, da nossa zona de conforto, e nos acostumamos a um mundo "pequeno", repetitivo e rotineiro, onde a curiosidade e a aventura da vida vêm sendo rebaixadas como algo cansativo e sem sal, que nos deixa desanimados, estressados e cansados.

Tornar-se consciente das próprias emoções é um processo factível que traz satisfação e serenidade. A consciência nos leva a viver emoções e a entendê-las. Um exemplo do que acontece durante o processo de desenvolvimento de atenção e presença plena é quando estamos aprendendo uma língua estrangeira. No começo, as palavras são sons indistintos, mas, aos poucos, se transformam em sons conhecidos, logo, podemos reconhecer palavras e distinguir verbos. Após algum tempo, conseguimos entender frases simples e depois complexas; ao longo desse processo e com exercícios constantes, podemos conversar, estreitar relações e amizades. Assim é o mundo da consciência emocional: é a passagem da confusão à clareza.

Frequentemente, em nossos encontros, as pessoas se desarmam ante os exercícios propostos. Alguns acham que para se tornar consciente é preciso cumprir tarefas absurdas e impensáveis. Ao contrário, quanto mais simples, melhor. O que faz a diferença é a frequência e a constância.

2.2 Rodovias cérebro e aprendizagem

Os automatismos do hamster são fisiológicos, psicológicos e sociais, pois no cérebro, nossos neurônios comunicam informações e privilegiam percursos sinápticos[43] habituais. Essa psicofisiologia vai determinar a maneira como nos comportamos. Uma analogia dos percursos sinápticos seria como se para ir ao trabalho, seguíssemos sempre o mesmo caminho, dia após dia, semana após semana. Pode acontecer com frequência que ao sairmos de casa, chegamos ao trabalho de forma automática, pois nosso cérebro toma conta de nós, sem a nossa participação consciente. Esse automatismo tem algo maravilhoso, pois muitas funções, sendo automatizadas, nos permitem viver sem ter que pensar que precisamos respirar ou sem se preocupar com o batimento do nosso coração corajoso. As funções vitais básicas são garantidas porque são automáticas. Já as funções executivas, como o pensamento e as competências emocionais, precisam ser aprendidas e treinadas. Os "comportamentos emocionais" são os tijolos da conduta humana.

Eric Kandel, neurocientista e vencedor do Prêmio Nobel de medicina e fisiologia, mostrou que a experiência da aprendizagem deixa uma marca fisiológica no nosso organismo, moldando a estrutura do cérebro e, se repetida no tempo, conduz a instaurar ou mudar um comportamento, uma vez que a marca fisiológica "se torna estável". Com seu estudo, o pesquisador pôde observar que estímulos repetidos no tempo produzem novos percursos neuronais, alterando-os e produzindo novas sinapses, ou seja, nossa capacidade de aprender não depende da idade! Nas palavras do cientista[44]: "Somos o que somos pelo que aprendemos e pelo que lembramos."

Isso significa que mesmo em idade avançada, os estímulos, repetidos com constância, fortalecem os percursos neuronais e até os alteram, produzindo novas conexões sinápticas, isto é, podemos aprender independentemente da idade[45]. Portanto, assim como podemos acrescentar e mudar nossos percursos neuronais, também somos capazes de incorrer na situação oposta: as células nervosas reabsorvem as sinapses quando não estimuladas.

Esse fenômeno é conhecido como "poda de sinapses". A poda sináptica é um processo que ocorre no cérebro no qual as sinapses menos usadas são eliminadas, enquanto as mais usadas são fortalecidas. Esse processo de limpar e reforçar as sinapses é fundamental para a adaptação do cérebro às experiências e ao aprendizado.

Quando aprendemos novas habilidades, o cérebro cria conexões sinápticas ou modifica as existentes para dar suporte às informações e habilidades recém-adquiridas. Se alguém, por exemplo, aprender a tocar violino, a sua mão esquerda recebe mais estímulos que a direita. Com o tempo, a esquerda torna-se mais sensível ao tato que a direita, e no cérebro, na porção que corresponde à mão esquerda, as ligações entre neurônios se reforçam e novos percursos neuronais se formam.

A poda sináptica garante que o cérebro mantenha a eficiência e a plasticidade ideais. Ao eliminar as sinapses menos utilizadas, o cérebro libera recursos e aumenta a eficiência dos circuitos neurais. Ao mesmo tempo, se fortalecermos as sinapses envolvidas no aprendizado de novas habilidades, o cérebro consolida as conexões neurais necessárias para dar suporte a essas aptidões.

Aprender é um mecanismo inato nas crianças que os adultos poderiam emular. Ao contrário, a vontade de fazer algo novo, a descoberta do desconhecido ou de simplesmente aprender novas habilidades freia muitos adultos. Desse modo, o hamster se instala em nosso cérebro e nos bloqueia.

2.3 Sei de não saber também sobre as emoções

A frase "Só sei que nada sei", atribuída ao filósofo grego Sócrates, é uma expressão da humildade intelectual e de extrema consciência do filósofo grego: ao saber que não sabe, ou seja, ao estar na ignorância, Sócrates colocava em prática o nobre comportamento de investigar, pesquisar, perguntar e duvidar sempre do resultado. Essa posição de alerta existencial e de dúvida o deixava mais consciente do quão complexa é a realidade. Ele entendia que a procura pelo conhecimento começa com o reconhecimento da própria ignorância. Sócrates percebia que não tinha todas as respostas e que o verdadeiro conhecimento exigia uma atitude de questionamento e busca constante. Ao afirmar "Só sei que nada sei", o filósofo não estava sugerindo que era ignorante, mas sim que a realidade é tão intrincada que vários aspectos nos fogem e que a atitude de aprendizagem seria exatamente a de não acreditar que sabemos, assim estaríamos mais curiosos e abertos. Esse ditado representa três diferentes níveis de consciência e conhecimento:

1. Não sei de não saber (ignorância inconsciente): é o nível mais baixo da pirâmide, em que a pessoa desconhece o que não sabe. Existem lacunas de conhecimento, mas ainda não há consciência delas e a pessoa nessa dimensão nem se questiona: a *ignorantia* ignorante;
2. Sei que não sei (ignorância consciente): é o nível intermediário, cuja pessoa está ciente de suas lacunas de conhecimento. Ela reconhece que há muito o que aprender e a descobrir. O primeiro passo para despertar curiosidade e aprendizagem;
3. Sei que sei (conhecimento consciente): é o nível superior da pirâmide, no qual uma pessoa adquire conhecimento significativo sobre um determinado tópico ou área. Nessa dimensão, as pessoas estão cientes do que sabem e podem aplicar seus conhecimentos de forma eficaz.

A pirâmide do conhecimento sugere que o caminho para adquirir conhecimento e consciência começa com a ignorância inconsciente, passa pela ignorância consciente e se desenvolve até o conhecimento consciente. **É um convite a cultivar a humildade intelectual e a trilhar um caminho de aprendizado contínuo e a evitar a *ubris.***

Duvidar de nossos conhecimentos e nossas sensações é uma maneira de manter nossa consciência atenta e alerta. Os conceitos atribuídos a Sócrates podem ser aplicados também no campo das emoções: quando estamos inconscientes das nossas emoções, estamos no nível um; ao começarmos a prestar atenção ao funcionamento emocional, vamos para o nível dois; e quando conseguimos observar, gerir e administrar nossas emoções, estamos no nível três.

Portanto, sair da roda do hamster não significa mudar de trabalho, de país ou de relacionamento, mas sim ter uma presença atenta, evitar cair no automatismo, valorizar nossa curiosidade e viver a vida de maneira aventurosa. Cada momento é único. Aquela brisa que estou sentindo agora, sentada na frente do computador, com a janela aberta, é refrescante, única, alivia um pouco o calor do verão, sobretudo nos braços. Eis um átimo de presença plena, onde a minha atenção está direcionada de modo consciente no meu corpo. Por um momento, estou fora da roda do hamster! (Se sua curiosidade está demasiada e quiser já experimentar alguns exercícios, pode ir direto para o Capítulo 3).

2.4 Evitando o buraco da rua

Portia Nelson foi uma atriz, cantora e escritora norte-americana que ficou conhecida por suas performances em musicais da Broadway e por sua obra literária. O poema "Autobiografia em Cinco Capítulos"[46] é uma metáfora para mostrar o automatismo psicológico que se torna um processo de autoconsciência e mudança pessoal.

1. Eu ando pela rua.
Há um buraco fundo na calçada.
Eu caio.
Estou perdido... estou desamparado.
Não é minha culpa.
Demoro uma eternidade para encontrar uma saída.

2. Ando pela mesma rua.
Há um buraco fundo na calçada.
Mas finjo não vê-lo.
Eu caio nele de novo.
Não acredito que estou no mesmo lugar.
Não é minha culpa.
Ainda demoro muito para sair.

3. Eu ando pela mesma rua.
Há um buraco fundo na calçada.
Vejo que ele está ali
Ainda assim caio... é um hábito.
Meus olhos se abrem.
Eu sei onde estou.
É minha culpa. Saio imediatamente.

4. Ando pela mesma rua.
Há um buraco fundo na calçada.
Dou a volta.

5. Ando por uma rua diferente.

Esse poema ilustra bem o processo de autoconsciência e mudança de comportamento. Podemos imaginar que o buraco na rua seja a emoção sem consciência, isto é, a emoção de quem não desenvolveu as competências da inteligência emocional. No início, a pessoa cai no buraco, sem querer. No capítulo 2 do poema, a pessoa cai de novo, por falta de atenção e se sente vítima. No 3, mesmo prestando atenção, a pessoa realiza escolhas erradas e não conscientes, porém começa a reconhecer sua responsabilidade nas ações. Gradualmente, ela se torna consciente do buraco e das decisões que desempenha ao cair nele, até que finalmente aprende a evitar o buraco por completo, com uma escolha intencional de evitar o buraco, optando até ir por uma rota diferente.

Saindo da metáfora do poema, quando nos tornamos mais conscientes dos nossos mecanismos ou rodovias neurais, tais quais são as emoções, podemos mudar de forma responsável os comportamentos automáticos que nos distraem do aqui e agora. Evitar o buraco significa desviar-se de uma situação desagradável ou tóxica na qual não queremos ir e onde acabamos caímos em uma mesma armadilha, pois a falta de atenção e de repertório para mudar nos atrapalham. A protagonista do poema cai várias vezes dentro de uma situação não deseja, porém a cada momento aprende um pouco e se torna mais consciente; isso acontece até quando a mesma situação se presta, fazendo a protagonista se afastar da armadilha e mudar de caminho. Essa trilha pode nos ajudar a refletir para nos tornarmos mais presentes e para prepararmos um plano de renovação.

Capítulo 3

Dando voz às emoções

3.1 Reconhecendo o funcionamento da emoção

São diversos os empecilhos que impedem o conhecimento do mundo das emoções, além da nossa inconsciência, há a carência de vocabulário e de compreensão de como a emoção surge e se manifesta. Isso nos deixa confusos, por essa razão, meu primeiro esforço foi de realizar um modelo gráfico que possa ser compreendido imediatamente por um público leigo em relação a esse tópico.

Compreender os elementos que fazem parte do mundo da emoção nos ajuda a limitar os automatismos e a desenvolver a consciência emocional, que é a primeira competência da inteligência emocional. A imagem abaixo exemplifica o complexo funcionamento de uma emoção x, considerando sua definição fornecida pela American Psychological Association (APA)[47], em que a emoção é "um complexo padrão de reações que envolvem elementos de experiência, de comportamento e de fisiologia".

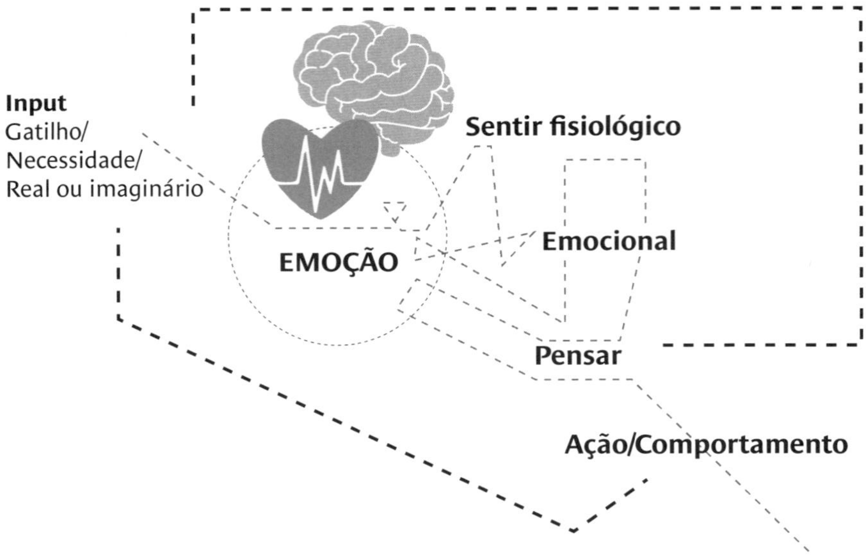

Figura 2. Representação gráfica do funcionamento de uma emoção (SIMIONATO, 2023). Elaboração da autora.

Ao observarmos a figura, vemos que há um gatilho, ou seja, uma situação que ativa a emoção, o qual pode ser real ou imaginário. Esse gatilho desencadeia uma emoção xy (chamaremos este elemento de E como "emoção"), um conjunto de neuro-hormônios — junto a um grupo de aminoácidos — que flui através do cérebro e do corpo, levando mensagens que simultaneamente ativam uma sensação-reação fisiológica (chamaremos este elemento de S como "sensação") que ativam a consciência cognitiva da emoção que estamos sentindo. Junto a isso, por meio da consciência cognitiva, surge um pensamento (chamaremos esta componente cognitiva de P como "pensamento") que se transforma em um comportamento (o qual chamaremos de A como "ação"), podendo ser visível ou reprimido. Já se a consciência cognitiva não estiver ativada, isso designa que a pessoa está dentro da emoção, mas não a percebe. Tudo isso em um prazo rápido e, na maioria dos humanos, de forma totalmente inconsciente e automática.

A Figura 2 retrata apenas um momento imóvel, em que depois do evento ativador (gatilho), os neurotransmissores e hormônios se instigam de modo rápido e complexo. Como escrevi no Capítulo 2, saber identificar nossos mecanismos nos ajuda a sair dos automatismos e a poder escolher o comportamento mais apropriado, no respeito às nossas emoções. Já que falamos em treinar, vamos aproveitar esse modelo para levar mais consciência para cada elemento. Preste atenção neste momento específico:

- Qual emoção sentimos? (Provavelmente algo leve... espero! Mesmo o gatilho sendo a leitura deste livro e a minha pergunta.) Talvez uma sensação de curiosidade ou de atenção, repetindo as palavras de Plutchik.
- Como sabemos de qual emoção se trata? Como ela se difere de uma outra?
- Quais são os indicadores desta emoção específica que está provando agora?
- Do ponto de vista da sensação física e fisiológica, como está nosso corpo?
- Com quais manifestações físicas esta emoção se manifesta? E onde? Em qual parte do corpo mais sentimos que algo está acontecendo?
- Do ponto de vista cognitivo, quais pensamentos estão associados ao estado atual?
- Qual comportamento/ação esta emoção produz?

Prestar atenção ao nosso SEPA (S de sensação fisiológica; E de emoção experienciada; P de pensamentos; e A de ação) nos atribui poder sobre nós mesmos. Reconhecer os gatilhos para cada emoção é uma preparação para a consciência e o autoconhecimento.

3.2 As competências emocionais

São vários os modelos sobre a IE e suas competências. Neste livro, vou conversar sobre o modelo de Goleman e Boyatzis e o da Six Seconds, pois ambos têm um olhar privilegiado para o desenvolvimento organizacional e do indivíduo. Goleman e Boyatzis[48] descrevem quatro competências emocionais:

1. **Consciência emocional**: capacidade de perceber e distinguir as emoções e sentimentos vivenciados no dia a dia; reconhecer os sinais fisiológicos que indicam o início de uma emoção; compreender os eventos desencadeadores de cada emoção e o efeito das emoções sobre o comportamento. O esquema SEP é a base de partida para nos tornarmos conscientes e desenvolver essa competência, e poder escolher conscientemente qual ação realizar, assim a completar o SEPA com a "A" de ação.

2. **Controle emocional**: gestão dos impulsos e emoções; adaptabilidade para reenviar/adiar gratificações ligadas às emoções; competência de modular seu próprio estado de espírito, evitando que a emoção nos impeça de pensar e de agir. Sem a consciência sobre nosso SEP, torna-se difícil exercer um "controle", ou seja, uma gestão, regulação ou um acompanhamento da emoção. Em particular, consiste também em ter domínio emocional; habilidade de guardar as emoções destrutivas; manter os impulsos sob controle; e guardar nossos comportamentos eficazes mesmo em condições hostis ou estressantes. Essas ações não são repressivas da emoção ou de negação, mas de observação consciente. Há também orientação para o resultado, isto é, esforço para conseguir atender o padrão de excelência; procura por caminhos que realizem melhor suas metas; superação de desafios; e fixação de metas desafiadoras dentro de um risco calculado. Junto a isso, ter um olhar positivo procurando o que tem de melhor em cada pessoa e situação; persistir em continuar a atingir metas desafiadoras, apesar dos obstá-

culos e dos recuos; adaptar e flexibilizar a maneira como lida com mudanças, fazendo malabarismos para responder a múltiplas demandas e ajustando nossas respostas, ideias e abordagens aos imprevistos.

3. **Consciência social e gestão de relacionamento**[49]: fazem parte das chamadas competências sociais, sendo a capacidade de reconhecer sinais emocionais de outras pessoas, compreender sentimentos e possuir a sensibilidade para com as emoções e pontos de vista dos outros, a fim de se sintonizar com uma gama diversificada de pessoas. Essa competência se desenvolve na empatia, logo é a habilidade de perceber as emoções, os sentimentos e o estado de espírito dos outros e de desenvolver um interesse genuíno sobre suas preocupações. Isso significa entender os indícios emocionais disseminados nas conversas e conseguir realizar o que o outro poderia sentir e pensar, bem como ter a consciência de organização que se manifesta na aptidão de entender quais são as correntes de poder dentro da organização, identificando os agentes de mudanças, os influenciadores, as redes e as lobbies.

Fazem parte da gestão do relacionamento: a influência (a habilidade de convencer, mostrar e persuadir as outras pessoas para ganhar seu suporte e confiança); a habilidade de oferecer *coaching* e *mentoring* às pessoas ao nosso redor, ensinando, mostrando, desenvolvendo e dando feedback e suporte quando necessário; a gestão do conflito (capacidade de navegar no meio de emoções difíceis e situações tensas, evidenciar de forma transparente os equívocos e os conflitos escondidos, para negociar e resolver a situação de forma satisfatória para ambas as partes); liderança inspiradora (competência de lidar e liderar de modo inspirador indivíduos e grupos, a fim de cumprir metas e extrair o melhor de cada indivíduo); e o trabalho em equipe, que consiste em conseguir se relacionar de maneira assertiva e eficiente com os outros, com o intuito de realizar um objetivo em comum, participando ativamente, compartilhando responsabilidade e sucessos e contribuindo com o empoderamento do grupo.

Autoconhecimento	Autoconhecimento emocional.
Gestão pessoal	Regulação das próprias emoções; adaptabilidade; orientação para realização; perspectiva positiva.
Consciência social	Empatia; consciência de organização.
Gestão de relacionamento	Influência; habilidades de coaching e mentoring; gestão do conflito; liderança inspiradora; trabalho em equipe.

Tabela 5. As competências da inteligência emocional (GOLEMAN e BOYATSIS, 2017).

Essas quatro competências podem ter degraus de desenvolvimento e habilidades diferentes. Por exemplo: posso estar consciente de quando a emoção está tomando conta de mim, mas não tenho o controle emocional em si. Ou posso reprimir a emoção e imaginar ter controle, quando, na realidade, somente estou tentando inibir a reação. Igualmente, posso conseguir observar o nascimento da emoção no outro e orientá-la, ou posso perceber que no outro está acontecendo uma reação, mas não consigo ajudá-lo a direcionar a carga emocional.

Não precisa ser um guru organizacional para intuir que as quatro competências e suas famílias contêm todos os fatores para fazer de qualquer sociedade, organização ou equipe um ambiente de trabalho prazeroso, eficaz e genuinamente saudável. Saúde e bem-estar são elementos intimamente conectados com as emoções, como veremos adiante sobre burnout e estresse.

Outro modelo foi desenvolvido pela organização não governamental Six Seconds[50] e propõe um paradigma tripartido cujo objetivo é ter um alicerce mais profundo na realidade do dia a dia:

1. **Autoconhecimento:** observar o que sentimos e fazemos, sendo as emoções dados que nos fornecem informações precisas sobre nosso ser. O objetivo dessa competência é desenvolver a autoconsciência. A pergunta norteadora é: o que estou sentindo?

2. **Escolha consciente:** em vez de reagir "no piloto automático", o autoconhecimento permite responder de forma proativa e de gerir nossa energia emocional de maneira intencional e não reativa. A pergunta norteadora é: quais são minhas opções?
3. **Realização:** agir com um norte que responda a sua visão e missão de vida, para que possamos lidar e liderar os acontecimentos com propósito e total integridade. A pergunta norteadora é: o que eu quero realmente?

Segundo a Six Seconds, o autoconhecimento se refere aos nossos pontos de força e desafio, portanto podemos nos dirigir à ação e ao desejo de mudar realizando escolhas conscientes, ou seja, o "como", que mostra como agir, como influenciar a si mesmo e aos outros e como "operacionalizar" esses conceitos. O último elemento desse modelo é a realização, pois quando sentimento e vontade estão alinhados, estamos cheios de energia e podemos focar o porquê de responder de uma certa maneira, o porquê de se mover em uma nova direção e a realização do porquê é importante que outras pessoas participem. Sua representação gráfica é circular, uma vez que as ações se repetem como uma espiral, progredindo em profundidade e intensidade. Tal modelo considera oito subcompetências específicas:

1. **Alfabetização emocional:** identificar e compreender nossas emoções. Como já falamos, as emoções são substâncias químicas, que fornecem dados sobre como os humanos funcionam, portanto, as emoções orientam o comportamento e as decisões. Logo, é a capacidade de acessar e interpretar os dados que as emoções transmitem, administrando-os por consequência. Falaremos mais sobre esse tópico mais para a frente.
2. **Reconhecer padrões:** identificar reações e comportamentos recorrentes, pois frequentemente, sem autoconsciência, somos dirigidos por nosso piloto automático, reagindo inconscientes com base no hábito (lembrem-se das rodovias neurais e do hamster que já encontramos no capítulo anterior). Quando são inconscientes, esses padrões podem

inibir o comportamento mais apropriado porque são uma resposta generalizada e automática, em vez de uma resposta cuidadosamente adaptada e pertinente à situação vivenciada. Essa competência ajuda a rastrear e a monitorar suas reações — o que é uma etapa essencial para gerenciá-las. Somente conforme reconhecemos nossos padrões podemos mudá-los e nos dar conta dos padrões alheios, de maneira que depois seremos capazes de treinar outras pessoas, para também sair do automatismo.

3. **Aplicar o pensamento consequencial:** avaliar custos e benefícios das nossas escolhas. Essa competência se desempenha em três etapas:

    a. Tomar uma pausa de até seis segundos ao percebermos a escalada da emoção. Esse curto período faz uma enorme diferença, como o nome da organização explica, pois o corpo leva cerca de seis segundos para que essas moléculas de emoção sejam absorvidas de volta ao nosso corpo depois de serem produzidas.

    b. Avaliar: a pausa oferece a oportunidade de avaliar a situação e de se perguntar sobre nossos objetivos de curto e longo prazo.

    c. Responder: depois da pausa e da avaliação, podemos criar respostas específicas para aquela situação, sem cair na armadilha dos automatismos, vivendo, portanto, uma vida mais significativa.

4. **Navegar nas emoções:** avaliar, aproveitar e transformar as emoções em recursos estratégicos, para nos tornar mais conscientes, equilibrados e propositivos. Em vez de pensar nas emoções como algo ruim que temos de suprimir, podemos começar a tratá-las, mesmo as desafiadoras como a raiva, como dados inestimáveis para nos tornarmos melhores. Navegar nas emoções se desempenha com:

    a. Avaliação do que estamos sentindo. Identificar ou nomear emoções, para si mesmo ou em voz alta, pode adicionar alguma clareza necessária a essa etapa.

b. Aproveitamento das emoções: não existem emoções boas ou ruins, elas são dados.

c. Transformação do sentir: dar um passo para trás e, ao contrário de dizer mentalmente "estou frustrado", devemos modificar para uma modalidade transitória: "estou me sentindo frustrado". Isso ajuda a criar espaço e diminui o poder da emoção. Reconhecer que a emoção é temporária nos acalma.

5. **Envolver a motivação intrínseca:** ser energizados e conduzidos por valores e compromissos pessoais que desempenham a ação, e não por forças externas. Para envolver a motivação intrínseca, precisamos:

   a. Desenvolver valores poderosos que surjam das nossas vísceras, da nossa paixão.

   b. Conectar-se com as pessoas que compartilham os mesmos valores para criar um senso de pertencimento.

   c. Articular nosso propósito constantemente em cada comportamento no nosso trabalho e na vida pessoal.

6. **Exercitar o otimismo:** criando uma perspectiva proativa de esperança e possibilidade, isso significa assumir o controle, gerando novas opções e inventando soluções para problemas "insolúveis". Pessoas otimistas são mais saudáveis, têm relacionamentos mais fortes, saem-se melhor no trabalho e são mais resilientes.

7. **Aumentar a empatia:** reconhecer e responder apropriadamente as emoções dos outros, o que gera relacionamentos mais profundos. Como já vimos antes, é uma habilidade crucial para formar conexões emocionais que alimentam a percepção positiva e a confiança, ajudando-nos a resolver problemas juntos. Para reforçar a empatia, precisamos de:

   a. Dar atenção às pessoas ao nosso redor, pois concentrar-se nos outros é um precursor da empatia, para se tornar empáticos, precisamos perceber os outros.

b. Ativar nossa curiosidade, reduzindo suposições e julgamentos. O senso de curiosidade nos abre para olhar além dos comportamentos superficiais que cada ser humano desempenha e descobrir as razões mais profundas pelas quais algo aconteceu: se sentir compreendidos e acolhidos gera intimidade e empatia entre as pessoas.

8. **Perseguir objetivos nobres:** conectar suas escolhas diárias ao senso de propósito abrangente faz com que nos concentremos no que é mais importante e acessemos nosso poder e potencial. Quando percebemos que até em pequenas ações estamos construindo o futuro que almejamos, nosso senso de propósito e vitalidade aumenta. Estamos construindo nosso legado. O senso de propósito nas organizações é uma prática que precisa ser reforçada, como bem explica um dos gurus do desenvolvimento organizacional, Simon Sinek, quando fala de sobretudo explicar o porquê uma organização age de tal maneira ou faz aquele produto.

3.3 Praticar a linguagem emocional para desenvolver as competências emocionais

Saber verbalizar suas emoções é uma etapa importante de autoconhecimento e de desenvolvimento pessoal que nos permite desempenhar as competências emocionais. De fato, se não sabemos expressar o que passa dentro de nós, teremos menos consciência de quando a emoção se forma e do porquê. Na minha experiência de antropóloga, raramente conheci pessoas que têm uma consciência e conhecimento emocional de si, a menos as pessoas que estão trabalhando nesse campo. Como consultora de liderança e inteligência emocional, trabalhando com grandes organizações, preparando programas para universidades corporativas e dando aula nas universidades de diferentes nações, observei que no mundo do trabalho, as pessoas podem ter um extenso conhecimento técnico, mas poucas têm um conhecimento psicológico e emocional do ser humano.

Como descrito, a inteligência emocional é um complexo constructo de habilidades que se manifesta conforme[51] "uma pessoa demonstra as competências que constituem a autoconsciência, a autogestão, a consciência social e as habilidades sociais em momentos e formas apropriados com frequência suficiente para ser eficaz na situação".

Ao aprendermos algo como adultos, baseamo-nos em conhecimentos precedentes, aprendidos e desenvolvidos quando crianças. Por exemplo, a aprendizagem de uma língua estrangeira se apoia em percepções anteriores, mesmo que sejam simples, como as letras do alfabeto. Aprender a esquiar em idade adulta, quando o corpo está menos plástico e tem suas rigidezes musculares, se torna mais complicado e com resultados menos performantes. Isso não significa que aos 30 ou 50 anos não podemos aprender a esquiar. Podemos sim, e ainda chegar a bons resultados. Porém, se tivéssemos começado em idade infantil, os resultados seriam até melhores. Assim, a analogia vai no mundo das emoções, com a diferença de que nosso cérebro tem uma maior plasticidade e, portanto, a aplicação constante de alguns minutos a cada dia pode nos levar a desenvolver rapidamente uma consciência emocional.

Um dos maiores problemas que os pesquisadores encontram no estudo das emoções é a falta de um vocabulário comum. Infelizmente são ainda raras as escolas que introduzem em seu currículo disciplinas que se ocupam de nosso mundo interior. Se não cultivamos nosso mundo interior desde criança, não seremos adultos que magicamente sabem conversar sobre suas emoções e sentimentos, nem seremos adultos que conseguem aplicar as competências emocionais. Não há mágica que possa substituir nossa exploração interior. O quanto mais rapidamente começamos a nos dar conta do que acontece dentro de nós, mais rapidamente podemos nos tornar mestres. A prática da consciência emocional vale mais do que ler mil livros. Sem o desenvolvimento interior, tornamo-nos adultos e envelhecemos no corpo, mas ainda dentro de nós persiste aquela mocinha birrenta de 6 anos ou o garotinho invejoso que se tornou um empreendedor insaciável e sem limites.

Verbalizar nossas emoções se torna uma maneira eficaz para estar na consciência do que estamos percebendo, logo, estamos na primeira competência da IE. As pesquisas mostram que colocar sentimentos em palavras tem sido um dos meios mais eficazes para gerenciar experiências emocionais negativas. As terapias de conversação são formalmente praticadas há mais de um século. Simplesmente colocar a caneta no papel para expressar seus sofrimentos emocionais traz benefícios para a saúde mental e física[52]. Descobertas mais recentes[53] mostram que falar sobre nossos sentimentos ou usar linguagem emocional para descrever no momento em que nos incomoda, mesmo que não pareça necessariamente um exercício de regulação emocional, desempenha o mesmo efeito: o controle emocional. Quando pensamos nisso, provavelmente imaginamos um processo que requer esforço, seja físico ou mental. Porém, uma primeira abordagem bem-sucedida para atingir a regulação emocional é a de colocar sentimentos em palavras do que estamos sentindo, ou seja, um ato chamado "rotulação afetiva".

Fica importante sublinhar novamente que o controle emocional não tem nada a ver com a repressão, rejeição, negação ou moralização da emoção. Pelo contrário, **somente quando acolhemos a emoção, conforme estamos visceralmente dentro dela, ao a reconhecermos, podemos responder ao seu pedido e deixá-la sair, em uma forma de autorregulação.** Assim, o controle poderia ser um sinônimo de acompanhamento da emoção. Quando esta se apresenta (e graças à primeira competência, conseguimos reconhecer os sinais), podemos observar como se manifesta, em qual parte do corpo fica mais intensa e qual pedido está silenciosamente requerendo. Lembramos de novo que as emoções são indicadores importantes da nossa vida interior, a necessidade silenciosa e quando acolhemos uma emoção, verbalizando o sentimento, a emoção perde de intensidade, mas podemos trabalhar o que foi externado de forma proativa.

3.4 O fluxo coerente das competências emocionais

Encontrar a força para se automotivar, para procurar a melhor resposta possível às nossas emoções é uma competência emocional incluída no modelo de Goleman-Boyatzis e de Six Seconds.

Tentamos percorrer o processo até aqui: reconhecer qual o ambiente mais fértil para desenvolver aquela emoção; conhecer os gatilhos-eventos ativadores da emoção; prestar atenção aos sinais físicos e psicológicos do nosso organismo; e acolher o que estamos sentindo.

de forma vigilante. Com esse fluxo, realizado de forma consciente, estamos acompanhando a emoção, estamos presentes ao fenômeno e não somos refém da emoção, portanto podemos conscientemente agir para ajudar a emoção a se expressar com presença e não de forma descontrolada.

Isso significa procurar um vocabulário compartilhado e manifestar uma atividade emocional equilibrada. Por exemplo, se estamos sentindo tristeza, podemos descrever como essa emoção se manifesta, somos capazes de observar para onde a tristeza anda no nosso corpo, ou seja, qual sensação sentimos (coração apertado, borboletas no estômago, olhos lacrimejantes, sensação de sufoco). Realizando esse processo de aceitação da tristeza até aqui, já estamos no caminho para que a emoção se autorregule e vá embora.

Agora, tenho uma lista de atividades a fazer para ajudar a tristeza a passar. No capítulo sobre os recursos, aprofundaremos mais, porém já confesso que meus recursos pessoais, em caso de tristeza, são de sair e dar um passeio com passo bem enérgico, na natureza, em um parque, bosque ou mesmo na rua. Cada pessoa tem os seus próprios: caminhar e sentir os pés apoiando na rua me ajudam a lidar com essa emoção. Os recursos precisam estar lá prontos para serem utilizados. Como na analogia de aprender uma língua estrangeira, precisamos treinar antes se quisermos ter uma conversa com pessoas nativas, senão somente sairão palavras sem a articulação de frases. Ao treinarmos, estaremos mais preparados para encararmos uma conversa, mesmo que seja inesperada. Precisamos, portanto, fazer uma lista dos nossos recursos pessoais por cada emoção; e quando a emoção se apresentar, podemos aplicar nossos recursos.

Outro ponto importante nesse fluxo coerente das competências emocionais é entender que as emoções se desencadeiam quando surge uma necessidade, portanto, tomar consciência sobre o porquê e sobre qual a necessidade que a emoção x está pedindo nos torna mais sensíveis ao nosso sentir e ao sentimento alheio. Logo, não se trata de limitar a emoção, de negá-la ou reprimi-la, mas de compreender por que, por exemplo, estou triste, agindo sobre a causa que me provoca tristeza e não nos sintomas!

3.5 Conversar sobre as emoções com uma linguagem simples

Como podemos falar sobre nossas emoções sendo que ainda não temos um vocabulário comum e compartilhado? Com essa preocupação, mais de quinze anos atrás, Manon Jean tentou desenvolver um percurso que pudesse ajudar as crianças a expressarem suas emoções e sentimentos[54]. Já que as crianças são mais sensíveis a imagens do que a complexas explicações verbais, elas desenvolvem a analogia das emoções como as condições meteorológicas. De fato, quando experimentamos alegria e bem-estar, podemos dizer que está ensolarado. Porém conforme sentimos raiva ou impaciência, é como uma tempestade rugindo dentro de nós.

A história de Manon é tocante e profunda, pois ela vivenciou desde criança um sentimento de inadequação ao frequentar a escola. Seus sofrimentos de criança e seu percurso pessoal de adulta que pesquisa sobre si a conduzem a desenvolver uma linguagem simples e imediata que as crianças possam facilmente entender. O estalo aconteceu quando o filho dela, aos seis aninhos, voltou para casa insatisfeito com o ambiente escolar, mostrou algumas dificuldades para se integrar. O pequeno confiou para sua mãe que sentia como uma nuvem escura que o acompanhava quando entrava na escola.

Manon constrói seu modelo escutando os depoimentos das crianças que contribuíram bastante para solidificar seus conceitos. Desde 2008, os programas da meteorologia interior fazem parte do currículo escolar de várias escolas nos estados francófonos do mundo.

Atualmente, o modelo tem oito descrições:

- **Nuvens:** quando estamos em um estado de tédio, exaustão ou indiferença, cansaço, mal humor e/ou desânimo;
- **Chuva:** quando nos encontramos tristes, sozinhos, desapontados, magoados, incompreendidos e/ou humilhados;
- **Arco-íris:** ao estarmos aliviados, surpreendidos, calmos, relaxados, ternos, gentis e/ou apaixonados;
- **Tempestade:** quando estamos em um estado de arrogância, inveja e ciúmes, zangados, agressivos, impacientes e/ou furiosos;

- **Vento:** quando nos sentimos em um estado de excitação e estresse, nervosos, ansiosos e/ou atordoados;
- **Tornado:** quando estamos incontroláveis, explosivos, mesquinhos, violentos, intensos e/ou excessivos;
- **Frio:** quando nos sentimos assustados, incomodados, inquietos, preocupados, tímidos, envergonhados e/ou ressabiados;
- **Sol:** quando nos encontramos encantados, satisfeitos, determinados, contentes, enérgicos, alegres e/ou orgulhosos de algo.

A meteorologia interior utiliza a analogia do clima exterior visível e, portanto, mais concreto para as crianças, para nos falar de nosso estado interior. Assim, a chuva nos lembra a tristeza e as lágrimas; e o arco-íris, a surpresa, como quando a tempestade termina e as nuvens passam deixando o espaço por um tempo mais clemente. O tornado nos aproxima de uma situação de caos interior, em que o vento está tão forte que levanta poeira, objetos, e tudo fica em ebulição. Manon desenvolveu também uma mímica que acompanha cada descrição para que a criança lembre melhor e consiga explicitar através do seu corpo as suas sensações.

Essa ferramenta pode ser utilizada com crianças desde os dois anos de idade para que comecem a prestar atenção aos acontecimentos emocionais internos. Expressar suas condições meteorológicas interiores é muito mais do que falar sobre chuva e tempo bom, pois as crianças estão desenvolvendo a consciência do que sentem interiormente e o fato de se expressar, como já sabemos, é uma forma de amenizar a emoção. Desenhar, mimar, falar sobre suas condições interiores libera a criança do fardo do silêncio.

As crianças de hoje serão os adultos de amanhã. Que enorme diferença será ter alguém que sabe perceber os sinais do furacão e que na sua expressão verbal descreve como se sente, limitando os danos da inconsciência. Pois se não verbalizados, os sinais da chuva, da tempestade ou do gelo sairão de qualquer forma. O que as competências da inteligência emocional querem evitar é exatamente isso: que esse mal-estar interior saia de "qualquer forma" ou quando o "copo estiver cheio", e sim acompanhar o sentir.

Essa abordagem[55] contribui para reduzir os efeitos do estresse e da ansiedade: a criança aprende a reconhecer o que sente; reduz o comportamento agressivo, pois aprende a nomear o que sente; acrescenta maior atenção e concentração, uma vez que ela aprende os princípios da atenção; desenvolve a autoconsciência e o saber ouvir o que se passa dentro de si.

Vamos treinar! Em uma folha, vamos (1) desenhar nosso clima preferido, (2) nosso clima mais frequente, que talvez não seja nosso clima preferido e (3) nosso clima mais difícil de aceitar. Por último, desenhe o clima que você gostaria de vivenciar mais. Monitore suas condições interiores pelo menos uma vez por semana, talvez utilizando o desenho para se expressar, talvez com crianças que você conhece. Assim, além de contribuir para o desenvolvimento emocional, você terá a ocasião de se conectar com sua criança interior.

3.6 O abecedário das sensações

Já notamos que o corpo é um meio privilegiado para desenvolver nossa IE? Para desenvolver mais consciência corporal sobre nossas emoções, precisamos introduzir os conceitos de propriocepção e interocepção, ambos relacionados às sensações de nosso corpo (percepção e consciência sensorial). A propriocepção refere-se à capacidade do corpo de perceber a posição, o movimento e a orientação de suas partes em relação ao resto do corpo. É o sentido que nos permite saber onde estão nossas extremidades e como elas se movem, mesmo de olhos fechados.

A propriocepção é baseada em informações sensoriais provenientes de músculos, tendões, articulações e receptores sensoriais especializados chamados proprioceptores, que enviam sinais ao sistema nervoso central, que processa e usa essas informações para ajustar e coordenar os movimentos do corpo.

Já a interocepção refere-se à habilidade do corpo de perceber e reconhecer sinais internos provenientes de órgãos e sistemas internos, como os sistemas cardiovascular, gastrointestinal, respiratório e outros. Esses sinais podem incluir a percepção da frequência cardíaca, respiração, sensação de fome, sede, temperatura corporal, pressão sanguínea e outros processos fisiológicos internos. Ela desempenha um papel crucial na regulação das funções corporais e na resposta emocional a esses sinais internos. Também está relacionada à consciência de estados emocionais e à tomada de decisões com base em sensações internas[56].

Para falar a linguagem das sensações, podemos formular questões específicas e abertas como:

- Em qual parte de nosso corpo estamos sentindo essa sensação?
- Qual tipo de sensação estamos percebendo?
- Como podemos descrevê-la?
- Essa sensação muda quando estamos focando ela? Se sim, como?
- Onde essa sensação começa e onde termina?
- Essa sensação o convida a fazer algo?

Segue uma lista de adjetivos para descrever a sensação de forma mais precisa e detalhada[57]:

aperto	espaço	lerdo	quente
ardente	espinhoso	macio	quieto
arrepio	espaçoso	molhado	radiante
áspero	fechamento	morno	sensível
calor	flácido	obstruído	suave
cheio	formigamento	pálido	sufocante
congelado	frenesia	palpitante	tenso
contraído	frio	paralisia	trêmulo
convulsivo	gelado	peludo	vago
duro	inchado	pesado	vazio
elástico	inquieto	pressão	vibrante
enjoo	intenso	pulsante	vivaz

Podemos também nos perguntar se a sensação nos leva a uma imagem[58] ou a um significado. Dessa maneira, estamos ampliando nosso vocabulário e nossa consciência sobre as sensações que estão diretamente ligadas às emoções.

3.7 Os emojis comunicam emoções

Os emojis nasceram como uma forma de potencializar e transmitir emoções, expressões e contexto na comunicação escrita[59] e foram aperfeiçoados para a comunicação digital, por suprir os equívocos trazidos por uma mensagem escrita sem indicação anterior. A comunicação baseada em texto, como mensagens instantâneas e bate-papo online, é carente de dicas não verbais presentes nas conversas face a face. De fato, ler uma inocente frase como: "Estou esperando seu relatório para terminar meu trabalho" poderia ter múltiplos significados se o tom fosse enfurecido, sério, triste, alegre ou titubeante.

Os emojis permitem que os indivíduos adicionem contexto emocional às suas mensagens, ajudando a esclarecer tom, sarcasmo, humor ou afeto. Os usuários transmitem seus sentimentos e intenções de forma mais eficaz em um ambiente digital. Os humanos são animais sociais que desenvolveram a comunicação não verbal antes da verbal. **A comunicação humana não depende apenas de palavras, mas também fortemente de sinais não verbais, expressões faciais e gestos.** Os emojis foram desenvolvidos para preencher essa lacuna, fornecendo representações visuais de emoções e expressões em conversas digitais.

À medida que a comunicação se expandiu globalmente com o surgimento da internet e das mídias sociais, tornou-se aparente a necessidade de símbolos universais que pudessem transcender as barreiras linguísticas. Um emoji pode sintetizar em si a resposta bem mais articulada e imediata que muitas palavras, como este sorriso 🙂. A combinação desses fatores levou ao nascimento e à adoção generalizada de emojis como um meio popular de expressar emoções, melhorar a comunicação e adicionar um toque humano às conversas digitais. Os emojis transformaram-se como parte integrante da comunicação moderna e continuam a evoluir com novos símbolos e variações introduzidos regularmente.

Para aquecer nosso espírito, tente descrever cada emoji e sua emoção correspondente:

3.8 Emoções e dimensão cultural

As pesquisas sobre as emoções são relativamente recentes, portanto, ainda em fase de alinhamento dos resultados. Consideramos que a evisceração das dimensões emocionais leva consigo a impalpabilidade real do sujeito e sua subjetividade[60].

A cultura do lugar onde vivemos, seja nossa família, região ou nação, influencia também a maneira como expressamos as emoções. Todo ser humano sente emoções, mas a maneira pela qual as expressa muda de acordo com o lugar. As normas culturais, crenças, valores e práticas sociais podem moldar a forma como as pessoas manifestam e lidam com suas emoções. Alguns exemplos notáveis incluem:

1. Expressão de afeto em público;
2. Expressão de tristeza e luto;
3. Expressão de raiva;
4. Expressão de orgulho e humildade;
5. Expressão de emoções no ambiente de trabalho.

Em algumas culturas, demonstrações públicas de afeto, como beijos e abraços, são consideradas normais e aceitáveis, enquanto em outras podem ser vistas como inapropriadas ou até mesmo ofensivas. A forma como a tristeza e o luto são exteriorizados também pode variar entre celebrações e práticas rituais específicas para suportar a perda de um ente querido, enquanto em outras podem encorajar um comportamento mais contido ou até mesmo proibir certas expressões emocionais em eventos fúnebres. Por exemplo, na Roma Antiga, a *prefica* era uma mulher paga para participar do funeral, chorando e entoando cantos fúnebres.

Dito isso, a expressão de raiva também tem meios ambivalentes: a direta pode ser malvista e até interpretada como uma psicopatologia[61] em algumas culturas, já em outras pode ser considerada uma resposta natural a certas situações. Algumas culturas valorizam a humildade e desencorajam a expressão excessiva de orgulho ou autoelogio[62]. Em contraste, em outras culturas, a expressão de autoconfiança e orgulho é possível ser vista como uma virtude e uma forma de reforçar a autoestima.

Enfim, na nossa cultura ocidental, as regras sobre como e quando expressar emoções no ambiente de trabalho mostram um certo evitamento delas **à custa de nossa saúde mental. Evitar emoções faz parte do mito** dicotômico da racionalidade que impera na maioria das organizações vs demonstrar emocionalidade[63]. É importante reconhecer que a diversidade cultural enriquece nossa compreensão das emoções e que o que é aceitável ou valorizado pode variar de acordo com o contexto cultural específico. A sensibilidade cultural é fundamental para uma comunicação eficaz e para a construção de relações interpessoais saudáveis.

Reconhecer o impacto das emoções e suas diferenças culturais vai permitir trabalhar com equipes internacionais sem cair nas armadilhas da cultura predominante da organização. Líderes e gestores que aprendem as competências emocionais estarão menos sujeitos a criar incidentes diplomáticos entre os membros da equipe e a trabalhar alinhando ritmos de trabalho e maneiras de se expressar.

3.9 Emoções transgeracionais

Nesta época em que pessoas de gerações tão diferentes se juntam em projetos de grande e pequeno porte, é importante reconhecer que as emoções impactam não somente a nível individual, mas também geracional e transgeracional.

O conceito de emoções transgeracionais se refere às experiências, padrões e traços emocionais que podem ser transmitidos de uma geração para outra dentro de uma família ou de um contexto cultural. Elas são frequentemente associadas à ideia de dinâmica intergeracional ou familiar, em que emoções e traços psicológicos podem ser transmitidos pelos pais ou gerações anteriores para os seus descendentes. Essa transmissão pode acontecer por vários mecanismos, como:

1. Comunicação emocional: a maneira como as emoções são expressas, discutidas ou evitadas em uma família pode moldar como as gerações mais jovens aprendem a lidar com suas próprias emoções. Por exemplo, se uma família tende a reprimir emoções, esse padrão pode ser transmitido, levando a dificuldades em expressar sentimentos também para a próxima geração. Ou em algumas famílias, a emoção de tristeza pode ter uma conotação de fraqueza e de derrota, portanto quem está triste, mesmo que seja por uma razão mais do que apropriada, já não deve demorar dentro da emoção e a deve reprimir ou substituir por algo mais aceitável. Quando criança, eu escutava frases deste tipo: "menino não chora", "somente as meninas choram"; "jogar futebol é coisa de menino". Isso tem um impacto profundo sobre uma criança, que começa a se comportar seguindo as indicações externas.

Portanto, a cada vez que a tristeza vem à tona, a pessoa afugenta a emoção, a nega e avala as lágrimas. E assim cresce e se torna uma pessoa adulta confusa emocionalmente, pois sente tristeza, mas não pode expressá-la e isso é pode provocar um sentimento de vergonha. Olha que bagunça que agora esse adulto está sentindo dentro de si. E pensar que teria sido suficiente reconhecer e validar aquela tristeza, acolher a emoção com um colinho gostoso, para formar um adulto mais consciente de si e mais bem resolvido emocionalmente.

Em muitas famílias se substituem as emoções "não permitidas" por emoções permitidas (essa escolha depende puramente do contexto específico daquela família que, por sua vez, pode ser influenciada pela época em que vive). Por exemplo, raiva com tristeza (ou o contrário): quando acontece uma injustiça e a criança começa a manifestar sinais de irritação, o adulto já vem com frases tipo: "você está triste por essa injustiça". Em situações desse tipo, a criança pode sim sentir tristeza e raiva, mas o fato de o adulto perto da criança não considerar as duas emoções, e até nomear somente uma de forma inapropriada, induz confusão na criança, que com passar do tempo, não consegue mais entender o que sente de verdade.

Confusão de sentimento e negação de comportamento levam a criança a se tornar um adulto proeminente de ignorância emocional, com tudo aquilo que isso comporta. Muitas vezes, os adultos, com a melhor das intenções, para consolar a criança triste, oferecem um brinquedo ou um docinho, porém essas ações repetidas levam a introjetar um vínculo estreito entre tristeza e comida ou shopping compulsivo.

2. Padrões de apego: tal como os cuidadores que se ocupavam da criança quando bebê. Se um dos pais, ou dos adultos que cuidam dela passou por traumas ou dificuldades emocionais, seu estilo de apego pode influenciar a forma como eles interagem com a criança, afetando potencialmente seu bem-

-estar emocional. Pois na comunicação não verbal, a rigidez e o desconforto ante àquela determinada emoção aparece. Por exemplo, conforme a criança chora, os adultos podem ir a outro quarto. Assim, a criança aprende que essa emoção não é bem-vinda e pode colocar em prática mecanismos de repressão da emoção para evitar estar sozinho. Isso continua quando adulto.

3. Histórias familiares: as narrativas compartilhadas dentro de uma família podem moldar a identidade emocional de seus membros. Por exemplo, dar o nome de um parente falecido a uma criança ou o mesmo nome do irmão morto ainda bebê são ações que têm um impacto enorme sobre o recém-nascido e suas emoções. Eventos passados, traumas e sucessos podem ser recontados ao longo de gerações, influenciando a maneira como as emoções são compreendidas e administradas. Quando a criança tem o nome do querido tio Fulano que infelizmente teve uma vida derrotada, ou recuperou o nome da irmã morta prematura. Dá para imaginar qual peso estamos colocando em cima de um pequeno ser humano que vai ser influenciado pelas histórias que escuta ou que percebe ao redor da pessoa falecida que portava seu nome?
4. Epigenética[64]: pesquisas recentes sugerem que certas experiências emocionais podem desencadear mudanças epigenéticas, que são alterações na expressão gênica que conseguem ser herdadas. Essas mudanças têm potencial de influenciar como as emoções são vivenciadas pelos descendentes.

As emoções transgeracionais não envolvem apenas emoções negativas ou traumas. Traços emocionais positivos, mecanismos de enfrentamento e pontos fortes também são possíveis de serem transmitidos entre as gerações. Compreender as emoções transgeracionais com trabalhos profundos sobre nossos ancestrais pode fornecer informações sobre padrões de comportamento, lutas emocionais e dinâmica familiar, o que se expõem como útil em contextos de terapia, aconselhamento e crescimento pessoal.

Durante minhas experiências de consultora, em uma organização internacional, tive que lidar com emoções transgeracionais, pois os dirigentes de um grupo da Suécia não se sentiam confortáveis em ter supervisores provenientes da Alemanha no time por causa dos acontecimentos históricos da Segunda Guerra Mundial.

Ao passo que os gestores da geração X ou Y conversavam e se entendiam bem com os colegas alemães, os mais antigos não conseguiam superar as vivências da invasão nazista da infância. Os líderes baby boomers da Suécia se davam bem com os líderes da Espanha, mas não conseguiam trabalhar em independência, pois os espanhóis não tinham atingido um nível de inglês suficiente para se ocupar dos negócios de forma detalhada. Os líderes da Alemanha falavam muito bem inglês e eram competentes sobre aquele específico projeto, mas os bloqueios emocionais dos líderes da Suécia eram dificilmente identificáveis sem uma pessoa experimentada na inteligência emocional e no conhecimento dos fenômenos transgeracionais.

Logo, lidar com memórias emocionais profundas e perturbadoras em uma equipe internacional não é nada fácil. Isso pode dar certo somente com um trabalho conjunto sobre cultura, gerações e emoções. Cada geração, por causa das vivências históricas da sua nação (além das vivências do seu círculo familiar), experiencia situações específicas e tem comportamentos frutos daquela época histórica que repercute sobre as emoções.

Cinquenta anos atrás era normal receber castigos físicos e punições corporais pesadas na escola. Esses eventos deixam marcas emocionais bem profundas. Um tom de voz severo e um volume elevado podem desencadear memórias que dormiam no subconsciente, até um olhar pode acordar uma memória que dormia no subconsciente.

Exemplos de confusão emocional

Pessoas não alfabetizadas em inteligência emocional podem confundir as emoções mesmo tendo as melhores intenções de autenticidade. Existem alguns casos antológicos que são mais frequentes do que imaginamos. Minha amiga Susanna, por exemplo, me explicou a diferença entre ciúme e inveja quando éramos adolescentes, até naquela época eu utilizava as duas palavras de forma sinonímica. Eis os conceitos e os exemplos para ilustrar essas confusões:

1. Inveja vs ciúme:

- A inveja é uma emoção em que uma pessoa deseja possuir algo que outra pessoa tem e sente ressentimento ou tristeza por não ter o mesmo. É uma reação ao sucesso, realizações ou posses de outra pessoa;
- O ciúme, por outro lado, é uma emoção que surge quando uma pessoa se sente ameaçada ou teme perder um relacionamento significativo com outra pessoa para um terceiro.

Exemplo de confusão: imagine uma situação em que uma pessoa vê seu amigo ganhando um prêmio em uma competição. A pessoa não alfabetizada em inteligência emocional pode sentir tanto inveja quanto ciúme. Ela pode sentir inveja porque queria ganhar o prêmio também e sente ressentimento por não ter conseguido. Ao mesmo tempo, pode sentir ciúme porque teme que o amigo agora se distancie dela e dê mais atenção aos outros que estiveram envolvidos na conquista do prêmio.

2. Senso de culpabilidade vs medo:

- O senso de culpabilidade é uma emoção que ocorre quando alguém se sente responsável por uma ação errada ou percebe que feriu outra pessoa com suas atitudes;
- O medo é uma emoção que surge em resposta a uma situação de perigo, ameaça ou desconhecido percebido.

Exemplo de confusão: considere uma pessoa que está tentando se desculpar com um amigo após ter magoado seus sentimentos. A pessoa alfabetizada em inteligência emocional é capaz de não confundir seu senso de culpabilidade com o medo de perder a amizade. Ela pode sentir culpa por ter sido insensível e, ao mesmo tempo, sentir medo de que a amizade se desintegre por causa de suas ações.

Esses exemplos destacam como a falta de compreensão e alfabetização emocional pode levar a conflitos nas emoções que estamos experimentando e dificultar a expressão e resolução saudável dessas expressões.

3.10 Memória e emoções

O filme *Lion, uma jornada para casa* tem uma cena interessante para tratar do tópico de memória e emoções. A película conta a história verídica de uma criança indiana adotada por uma família australiana. A criança muda de continente, de família e de língua aos 5 anos de idade. Sua infância e adolescência são repletas de memórias australianas e, efetivamente, toda sua educação e maneira de viver reflete a cultura australiana. Na universidade, encontra outros estudantes internacionais e alguns que vêm da Índia. A partir desse momento, as cenas do filme se tornam bem interessantes para nosso tópico. Assistimos a uma festa onde participam vários estudantes internacionais; nas falas, para se conhecerem melhor, os estudantes indianos até perguntam para o protagonista, o ator Dev Patel, de qual parte da Índia ele é originário e ele resolve dizer que foi adotado e nem se lembra direito qual língua falava antes na sua família biológica[65].

Depois o protagonista vai à cozinha para buscar mais bebidas e vê alguns biscoitos vermelhos típicos indianos. Essa imagem ativa uma memória que estava sonolenta, praticamente esquecida. Flashbacks do passado aparecem: ele com seu irmão mais velho no mercado, em frente a lojinha que frita os biscoitos vermelhos no vilarejo natal. Ele dialoga com o irmão em uma língua desconhecida, que também vai assumindo mais nuances. A cena volta ao presente e Dev Patel come um pedacinho do biscoito.

Há bastante emoção nesse trecho da película, sobretudo para quem é sensível à inteligência emocional, às sensações e aos mecanismos de memória. Nesse pedacinho de biscoito, que agora o protagonista saboreia, tem uma vida inteira de criança: cinco primeiros anos da sua existência que retomam à vida. A partir desse ponto, ele lembra de seu passado e aos poucos as memórias crescem e ele toma a decisão de querer reconstruir seu passado. Mas até três minutos antes de ter visto e comido o biscoito, ele estava na inconsciência, a memória dormia um sono profundo e talvez nunca teria despertado se não fosse por aquele alimento. O biscoito avermelhado é um exemplo de imagem afetiva profundamente arraigada nas sensações do indivíduo: a visão e o paladar.

O que sabemos até agora sobre a memória é que ela se bifurca em explícita e implícita, que envolve diferentes níveis de percepção e consciência. A memória explícita, ou seja, memória episódica (memória para eventos e experiências específicas) e semântica (memória para conhecimentos gerais e fatos) refere-se à lembrança consciente e à recuperação de fatos, eventos e experiências que podem ser colocados em palavras e descritos verbalmente. Quando nos lembramos de algo conscientemente e somos capazes de verbalizá-lo, estamos usando a memória explícita, como no caso do protagonista do filme *Lion* ao ver o biscoito avermelhado: uma imagem que se manifesta abruptamente na mente depois de um episódio inofensivo, como ir a uma festa de amigos e compartilhar comida. As memórias episódicas são espontâneas e influenciam de forma não evidente nossa vida.

As memórias implícitas (ou não declarativas) referem-se à influência de experiências passadas no comportamento, pensamentos ou sentimentos sem percepção consciente ou lembrança intencional, provavelmente em um período pré-verbal, isto é, quando somos crianças e ainda não sabemos nos expressar. Essa memória opera abaixo do nível de percepção consciente e pode afetar nossas ações, percepções e atitudes[66].

As memórias não são armazenadas em um único órgão específico, mas sim de maneira distribuída por várias áreas do cérebro (neocórtex, hipocampo, amígdala, cerebelo, gânglios de base, só para citar alguns). Diferentes regiões do cérebro desempenham papéis em vários aspectos da formação, armazenamento e recuperação da memória. O que sabemos é que algumas partes do cérebro não estão completamente formadas nas crianças.

Por essa razão, o resgate do bebê turco de dois meses, depois de 128 horas após o terremoto da Turquia e da Síria, em fevereiro de 2023, não o deixa imune de possíveis problemas de saúde mental futuros. Com dois meses de idade, ele não sabe articular de modo declarativo as emoções vivenciadas, tais como angústia, terror, medo, raiva ou tristeza que deve ter sentido ao escutar o barulho das paredes da casa cair, ao sentir fome, frio e a não ser amoravelmente cuidado durante 128 horas, uma eternidade para qualquer ser humano, imaginemos para um bebê, o que pode ter sido a nível de sensação de angústia. Porém, ele vivenciou esse momento trágico e não vai se lembrar dele. Mesmo não sabendo os descrever, pois seu ser ficou mais de cinco dias sem satisfazer as necessidades primárias básicas. Isso vai ficar indelével na sua memória implícita, afetando de qualquer forma sua vida.

Ter um conhecimento básico sobre o funcionamento fisiológico do nosso ser nos ajuda a entender que realmente estamos na ponta do iceberg do autoconhecimento e ainda mais superficiais quando nos relacionamos com outros humanos. A narrativa de vida que cada um de nós põe em ação, os comportamentos, são ditados de profundas camadas fisiológicas e emocionais, afetadas desde nossa concepção e idade infantil. **O que não lembramos pode ser até mais importante do que lembranças explícitas.**

3.11 Mídia e alfabetização emocional

A falta de alfabetização emocional depende também do contexto cultural. Certamente, se nas escolas, os programas ministeriais impusessem disciplinas de psicologia, meditação e inteligência emocional desde o ensino básico, nossas sociedades seriam mais saudáveis. À parte, os programas escolares têm outros elementos que puxam nossa sociedade a níveis poucos "profundos": mídia e TV mostram programas de baixo nível cultural nas horas em que a maioria das famílias e das crianças tem tempo livre para assistir.

A utilização de redes sociais e o acesso à internet sem a presença vigiada dos responsáveis pode ter um impacto negativo sobre as emoções e comportamentos das crianças. Assistir a cenas degradantes, com violência e palavrões, em que os protagonistas preferem se xingar ou se bater, em vez de se escutar e propor novas soluções, tem um impacto sobre os espectadores, ainda mais se são crianças. Ver os próprios ídolos terem comportamentos violentos e agressivos pode puxar uma criança a emular a mesma conduta. Como cuidadores, podemos atuar no papel de "mediador cultural", ou seja, de explicar para as crianças, verbalizando nosso desconforto e oferecendo outras maneiras de observar a cena. Ou ainda melhor, podemos evitar de oferecer presentes como telefones inteligentes, tabletes e materiais afins. Transcorrer mais tempo brincando com nossas crianças, contando histórias, fazendo trabalhos de bricolagem vale mais do que o último modelo de celular.

Outro elemento que contribui para reduzir o nível de consciência tem a ver com o empobrecimento de nosso vocabulário cotidiano. As mídias que nos impõem a nos expressarmos em poucos caracteres (ou com vídeos de alguns segundos) agravam as tentativas modestas de explorar dimensões emocionais mais sutis, de procurar adjetivos, imagens e descrições mais articuladas. Assim, para alguém com escassa articulação emocional e com pensamentos sem nuances fica mais fácil de xingar, ou categorizar de forma taxativa, sem observar que dentro de um assunto complexo há muitas dimensões e variáveis.

Esse mecanismo perverso de encurtar nossa capacidade oratória se autoalimenta, pois, ao sermos acostumados a nos expressar em poucas palavras, acostumamo-nos a ler menos. Isso reduz nossos pensamentos ao essencial, o que gera polarizações, dado que perdemos a capacidade de articular e discernir, de criar categorias e razões para algo.

Ao final, nesse processo redutor, fica só o branco ou o preto, sem nuances, uma vez que um pensamento curto não permite explorar dimensões mais complexas. As crianças não acostumadas a refletir, pensar e articular perdem a criatividade, a vantagem da repetitividade dos modelos assimilados. Imaginamos receber aquela mensagem de nosso colega que pede um relatório dizendo que o fluxo de trabalho está parado por tal falta. Se não temos o hábito de perguntar, investigar, imaginar e ser curiosos, essa frase se torna um gatilho que pode ativar inúmeras emoções, dependendo de quem a recebe, podendo ser raiva, medo, tristeza ou até alegria. Quando o gatilho ativa a emoção, isso desencadeia uma reação que pode se concluir em comportamentos não corretos, como impropérios ou ações físicas.

3.12 Reações entre realidade e fantasia

Nosso cérebro não faz distinção entre situações, expressões e eventos que ocorrem entre aqueles que imaginamos e concebemos. Isso pode ser verificado diretamente, como ao assistirmos a um filme de terror ou um *thriller* bem-feito, com certeza nos agitamos na poltrona, ficamos com a respiração suspensa pelas cenas de tirar o fôlego mesmo sabendo que é apenas um filme. Então, por que ficamos assustados, comovidos ou enraivecidos? Lennart Levi[67], um estudioso de comportamento e mecanismos psicológicos, conduziu um experimento muito interessante com 5 grupos de voluntários, com idades entre 17 e 55 anos, todos em ótimas condições de saúde. As funções bioquímicas foram monitoradas graças a aparelhos de medição de pressão, batimentos cardíacos e ondas cerebrais. Também se recolheu uma amostra de urina para medir a taxa de adrenalina. As observações levaram em conta o comportamento manifestado pelos voluntários, que assistiram à projeção de quatro filmes diferentes, com duração em torno de noventa minutos. As escolhas de Levi foram:

- *Glória Feita de Sangue* — Stanley Kubrick, para suscitar indignação e raiva;
- *A Maldição do Demônio* — Mario Bava, a fim de provocar terror e medo;
- *Charleys Tante* (A tia de Charley, em tradução livre) — Hans Quest, uma comédia inglesa, brilhante e divertida;
- Um vídeo de paisagens escandinavas da Suécia.

Levi verificou que as taxas de adrenalina tinham de certa forma o mesmo percentual e que os batimentos e a pressão aumentavam tanto com a risada como com o medo. Mas, do ponto de vista psicológico, a visão de cenas divertidas se traduzia em uma geral "sensação de divertimento"; o filme de terror se relacionava com sensações de medo, pânico e terror persistentes.

O estudioso refez o experimento com um vídeo erótico, e a força das imagens se traduziu em alterações físicas, fisiológicas e mentais.

As pessoas que assistiam às diferentes cenas aumentavam o nível de adrenalina, desenvolvendo os mesmos valores de quem participou ativamente de um acontecimento real, mostrando um desempenho mais agressivo em relação a sua normalidade. Os voluntários que assistiram às cenas tranquilas tiveram batimentos regulares, respiração profunda e bem-estar geral. Isso indica que podemos programar o nosso cérebro com as cenas que nós escolhemos, provendo maior qualidade de vida.

Uma pesquisa da Universidade de Michigan[68] acompanhou os programas televisivos de milhares de crianças, da infância à idade adulta. Os resultados condizem com os de Levi: realmente as crianças que aos 8 anos assistem a cenas violentas na TV com maior frequência, aos 19 anos, já terão tido problemas com a justiça e, aos 30, serão condenadas por crimes violentos. A ciência confirma, portanto, que o nosso cérebro, sobretudo na infância, é muito permeável e absorve experiências virtuais como se fossem realidade.

Por fim, assistir continuamente a cenas violentas (reais ou fictícias) pode levar a uma certa dessensibilização: extirpação, brigas, sangue e feridos tornam-se banais, além de sofrimento infligido ou dor entrarem na rotina e passarem a ser vistos como normais. Porém, a boa notícia é que participando de jogos com características psicossociais, as crianças desenvolvem tais comportamentos mesmo depois de alguns meses, segundo uma pesquisa conduzida com mais de 2 mil crianças japonesas entre os 10 e os 16 anos[69].

Agora, tentem reproduzir o experimento tendo a si próprios como cobaias. Trata-se de uma prova que mesmo não monitorada cientificamente produz claras percepções emocionais e físicas. Se desejarem ver de forma mais evidente as mudanças físicas, fisiológicas e psicológicas diante das imagens, ponham-se a ver algum filme do gênero sugerido na tabela. Com certeza, os filmes eróticos/pornográficos produzem mudanças nos humanos, tanto que a indústria cinematográfica do gênero pornô está em crescimento[70].

Anotar suas percepções físicas, fisiológicas e emocionais se torna um ótimo treinamento para desenvolver mais atenção nas suas sensações e nos seus mecanismos.

Gênero de vídeo ou filme transmitido	Percepções físicas	Percepções emocionais
Violento ou de terror		
Documentário naturalístico		
História com final feliz		
Erótico/ pornográfico		

Tabela 6. Sinóptica exercício de Levi, elaboração da autora.

3.13 Validar as emoções com benevolência

Nossa confusão sobre educação emocional pode continuar na idade adulta até que esclarecemos e aprofundamos a inteligência emocional. Mesmo sabendo que o comportamento mais eficaz diante de quem sofre seria de escutar seus sofrimentos (escutar e basta, sem responder, sem tentar convencer que isto vai passar), algumas vezes tentamos consolar a pessoa antes que o processo emocional dela esteja completo, talvez porque vimos ou vivenciamos isso quando criança e repetimos roboticamente esse processo. Por exemplo, quando a criança cai e chora, muitos adultos adotam o comportamento de negar ou reduzir o choro: "Não chora, não é nada, se acalme." Já assisti a cenas em que a criança chorava pela perda de seu querido pet e alguém minimizou falando que compraria outro animal idêntico!

A maneira mais respeitosa seria a de validar a dor que a pessoa está sentindo, por menor que possa ser na nossa opinião, acalmando a criança no nosso colo, sem falar. Vai demorar alguns minutos, mas pelo menos deixamos que esse ciclo emocional termine de forma natural, em vez de querer negar, rebaixar e diminuir.

Tento aplicar esse comportamento amoroso com meus filhos desde pequenos (espero que dê certo!). Quando eles estão chateados e coléricos, eu os guio na emoção: "O que você está sentindo, tente me descrever." Escutei descrições que me emocionaram. "Sinto como um vulcão que está chegando até a garganta, até as mãos", uma vez me disse meu filho maior; ou um outro momento em que ele disse que devia dar um soco em alguém para se sentir melhor. O bem pequenino, certa vez me indicou que o maxilar dele queria morder. Sim, como um animal[71].

Outro exemplo foi que sempre o pequenino disse que as pernas dele queriam se movimentar e correr no lugar quando estava nervoso. Lembrei de algo parecido que tinha lido[72]. O pimpolho movimentou as pernas por alguns minutos, depois parou e me disse que agora se sentia bem. Toda emoção tem uma atividade a explicitar; como adultos, temos o dever de educar nossas crianças a uma vida emocional saudável mostrando o caminho.

Escutar essas descrições com curiosidade e com uma presença amorosa ajuda a criança a observar sua sensação sem julgamentos e a deixar ir. Bessel van der Kolk explica que o sistema nervoso dos bebês ainda está incompleto e se constrói a partir da corregulação com os cuidadores[73]. Se os cuidadores do bebê estão por sua vez desregulados, ou seja, não sabem gerir suas emoções, isso complica o natural desenvolvimento da criança. Imaginemos, por exemplo, um pai ou uma mãe que chega em casa cansado do trabalho e ainda tem que fazer faxina ou outra tarefa doméstica. Será bem provável que se a criança quiser conversar, a pessoa não terá tempo de escutar. Ainda pior se a criança chorar ou fazer birra. Em vez de escutar, tentar entender e explicar com palavras suaves e tom amoroso, o cuidador pode ser brusco, agressivo e até violento. Isso, de um lado, impede o sistema nervoso infantil de se completar em uma linha harmoniosa; de outro lado, a criança aprende a imitar o comportamento errado do cuidador. Nessa cena, podemos entrever os elementos de emoções transgeracionais que estão sendo transmitidos de forma inconsciente, assim como conseguimos abrir um debate sobre justiça social: todos os elementos culturais que impactam o desenvolvimento da nossa IE.

Como adulta, ainda estou aprendendo a lidar com minhas emoções e com certeza meus filhos me ajudam a aplicar muitas estratégias. Se não tivermos pais competentes emocionalmente (e a maioria de nós não teve, até porque os estudos sobre emoções são recentes), temos o dever de aprofundar o tópico por nossa conta.

Sem falsa moralização, precisamos entender que todas as emoções são corretas e justas, que algo ou alguém as despertou e que precisa engajar a totalidade do nosso ser (corpo e mente) para ajudar a emoção a se explicitar sem criar danos colaterais.

Em uma ocasião, li um editorial de uma opinionista brasileira que falava contra a inveja e de como ela nunca tinha experimentado esse sentimento, pois, na opinião dela, era um sentimento de baixo nível moral. **Infelizmente as emoções não funcionam assim, as emoções são funcionais.** Quando sentimos inveja, podemos reprimir e tentar nos convencer que não a estamos sentindo, pois se trata de um "sentimento de baixo nível moral" ou podemos compreender nossas sensações, emoções e pensamentos (SEP), transformar esse gatilho de inveja em um carburante, no espírito de emulação, deixando que essa inveja passe através de nós e nos inspire a sermos melhores. A cada vez que sinto inveja (sim, eu sinto inveja!), escuto-me com empatia. Algumas vezes, ela passa, outras, transformo-a em garra para fazer melhor do que a pessoa que estou invejando. Nada de moralização. Nosso ser adulto passou por muitas dificuldades e precisamos reconhecer o valor da nossa imperfeição. A validação da emoção a deixa menos intensa, como já dizemos alguns parágrafos atrás: isso demonstra que estamos aplicando as competências emocionais de autoconsciência e autocontrole (ou direcionamento das energias).

A propósito, em relação à moralização das emoções, qual foi a emoção que você queria sentir mais frequentemente, no exercício sobre a meteorologia interior de Manon Jean, do item 3.5? Se foi de ter o sol brilhando constante, saiba que esse pedido esconde uma armadilha. Pois querer sempre ter o sol sem nuvens é utopia. Para ter mais sol na nossa vida, precisamos trabalhar ao redor do contexto familiar, profissional e social. Como as emoções são funcionais aos eventos que vivenciamos, para construir um dia ensolarado, precisamos ter as condições ideais e treinar nossas competências emocionais: cada emoção que se manifesta é fruto de um conjunto de fatores. **Sinceramente, vivenciar o sol interior não deveria ser nosso objetivo, pois prestar mais atenção às nossas emoções, isso já provoca um alívio!**

Uma advertência final. Como adultos, podemos ser cúmplices de aberrações comportamentais deste tipo: experimentou uma emoção e ao falar de seu sentir com uma pessoa querida, ela respondeu: "Você não deveria se sentir assim?" Neste caso, a pessoa querida, com as melhores intenções do mundo, está desvalorizando o que estamos sentindo. Assim, além da emoção xy, que você estava sentindo, agora, tem uma outra sensação emocional que surge, aquela de culpabilização ou moralização, pois você não deveria sentir isso, ou seja, julgam a emoção que estamos sentindo.

Capítulo 4

O estresse

4.1 Conhecendo o estresse

O estresse é uma resposta natural do nosso corpo ao perigo ou ao que pensamos ser uma ameaça. Ele é uma soma das reações postas em ação pelo organismo perante estímulos (estressores), sejam físicos, mentais ou emocionais, tendentes a perturbar nosso equilíbrio. Por isso, o estresse nem sempre é algo negativo. Um organismo que reage a estímulos é sinônimo de eficiência, ação e vivacidade.

O estresse, porém, apresenta-se negativo quando os estímulos superam a resposta que o organismo pode oferecer e quando o organismo continua a responder como se estivesse em alerta, mesmo sem estimulação.

Entre os estímulos estressantes, incluem-se:

- físicos: ruído, luz, calor, frio;
- químicos: poluição, aditivos químicos e conservantes, corantes;
- biológicos: vírus, bactérias, parasitas;
- atmosféricos: umidade, calor;
- psicossociais: conflitos familiares, problemas na escola, tensão no trabalho.

Quando nos estressamos, os mecanismos de autorregulação não respondem mais, pois estão esgotados. Imaginemos receber uma notícia considerada "negativa" (acidente, advertência no trabalho, professor que nos menospreza na escola, expressões que enraivecem). Nosso organismo reage em três tempos distintos:

1. Dispara um alarme: podemos decidir enfrentar ou deixar-nos derrotar. É a chamada reação de "luta ou fuga". Não resolver a situação estressante provoca um nível maior de estresse, visto que se soma ao já existente. Nessa fase, o SNA entra em ação;
2. Opõe resistência: sistema endócrino e imunológico começam a produzir substâncias antiestresse;
3. Chega no abatimento: os mecanismos de defesa se exaurem e ocorrem manifestações patológicas, como a estafa.

Na fase 1, o sino de alarme dispara e o corpo coloca em prática as estratégias para combater o alarme, como se tivéssemos uma equipe de bombeiros preste a agir; na fase 2, de resistência, o sino continua tocando e o corpo permanece se esforçando a produzir estratégias para limitar os desgastes, mas o organismo está cansado; por último, ao chegar na fase 3, a de abatimento, todos os mecanismos físico-psicológicos já estão esgotados e não conseguem mais dar conta: entramos em uma fase de estresse crônico, como o burnout. O estresse é a causa de doenças psicossomáticas em que corpo e psiquê interagem: um dano ao corpo atua sobre a psiquê; um comportamento psicologicamente prejudicial repercute sobre o corpo. Com o tempo, tornam-se doenças crônicas.

4.2 Humanos e ratos, unidos pelo estresse

A palavra *stress* (em inglês: puxar, tirar)[74] foi usada pela primeira vez em 1936 pelo pesquisador húngaro Hans Selye. Selye havia testado em laboratório a condição de estresse de algumas cobaias mediante estímulos de natureza diversos: luzes continuamente acesas, impossibilidade de dormir profundamente, injeções de hormônios. Verificou-se, mais tarde, nesses animais uma série de distúrbios que efetivamente se manifestam também em humanos. Graças a esses estudos, podemos distinguir vários tipos de estresse, como:

- **Estresse físico:** ocorre devido a posturas incorretas praticadas durante o dia ou à noite. Por exemplo, quando dirigimos, trabalhamos em uma mesa não ergonômica, dormimos em um colchão ruim ou trabalhamos em posições desconfortáveis. Fisiologicamente, ao nos estressarmos, nosso corpo reage com as respostas possíveis de "ataque" ou "fuga". São liberados vários reagentes químicos e a respiração torna-se curta e rápida, além dos músculos se contraírem e o corpo se preparar para a ação. Mas, na maior parte dos casos, ainda que seja um corpo forte, não conseguimos completar nenhuma ação que venha a descarregar completamente as suas tensões. Se não eliminarmos a reação física, caímos em um constante e danoso estado de tensão;
- **Estresse mental:** trata-se de um intenso cansaço devido a uma potente atividade intelectual que exija concentração atenta. Muitas vezes é agravado pela falta de sono revigorante;
- **Estresse emocional:** relacionamentos tumultuosos e tóxicos, disputas frequentes, prolongadas situações de transtornos levam a experimentar generalizados estados de mal-estar, que resultam em raiva ou em depressão.

A tentativa de categorizar os diferentes tipos de estresse perde o sentido nos casos concretos, pois quando ele cresce, as três tipologias se influenciam reciprocamente e o fato de dormir mal, por exemplo, tem um impacto sobre nosso estado de lucidez mental que atrela uma maior sensibilidade emocional. Igualmente, ter relações tóxicas com alguém na família, na escola ou no trabalho, isto é, os lugares que mais frequentamos no nosso dia a dia, influencia no nosso sono ou na nossa alimentação, quanto a qualidade e a quantidade. Podemos facilmente enxergar que, conforme passamos da teoria para prática, os modelos e os esquemas se tornam dinâmicos e dificilmente conseguimos isolar um tipo de estresse, seja físico, mental ou emocional, sem que tenha consequência sobre a totalidade de nosso ser. Estudos conduzidos com cobaias de laboratório mostram que os animais morrem por não conseguirem mais tomar conta de todos os estímulos nocivos aos quais são submetidos.

4.3 Estresse bom ou ruim?

Selye havia dividido o estresse em *eustress* (prefixo grego "eu" = bom) e *distress* (prefixo grego "dis" = algo nocivo). O estresse é, portanto, saudável, mantendo-nos em forma, revigorados e curiosos, aptos a descobrir novas verdades e empreender novas atividades. Sem um mínimo de estresse, tornamo-nos chatos, melhor dizendo, seríamos como "zumbis". Desse modo, agora só nos resta entender se nosso estresse cotidiano tende mais para o lado bom ou para o mal, que, por sua vez, pode ser frenético ou escasso. Lembrando que a situação difere para cada um de nós, vejamos um esquema[75]:

Figura 3. Eustress vs Distress.

A causa do estresse varia de pessoa para pessoa. Existem indivíduos que levam uma vida intensa, voam de um continente a outro e dirigem importantes reuniões de trabalho, não obstante, essas situações conseguem apenas "raspar" seu índice de tranquilidade. Por outro lado, às vezes, basta um imprevisto, um sinal vermelho a mais, para disparar tensão, ânsia e a chamada sensação de "queimação no estômago". Mesmo que não tenhamos um dado objetivo sobre a medida do estresse, sabemos que cada um tem a sua dimensão certa e uma vez superada, ativamos a fase 2, porém se não a pararmos, entramos na fase 3. Aqui temos o efeito crônico do estresse.

4.4 Relação entre estresse e emoções

Qual é a relação entre estresse e emoções e como essas duas dimensões se conectam? Complexa. **As emoções desempenham um papel crítico na forma como percebemos e respondemos aos estressores, e o estresse pode afetar significativamente nosso bem-estar emocional.** O estresse e a emoção influenciam um ao outro, e a maneira como notamos e respondemos aos estressores geralmente é impulsionada por nossas experiências emocionais e mecanismos de enfrentamento. Por exemplo:

1. O estresse surge como resposta emocional: quando nos deparamos com situações desafiadoras ou ameaçadoras, nossos corpos e mentes reagem com uma resposta ao estresse, o que inclui mudanças fisiológicas e reações emocionais;
2. As emoções impactam a avaliação dos fatores que consideramos estressantes: o modo como interpretamos e avaliamos os estressores é influenciada por nossas emoções. Como uma situação que pode ser percebida como estressante para uma pessoa pode não ser vivenciada da mesma forma por outra, dependendo de seu estado emocional e experiências passadas;

3. As emoções influenciam nossas respostas ao estresse: os estressores podem evocar uma variedade de respostas emocionais que, por sua vez, podem induzir ainda mais a maneira como lidamos com o estresse. Um exemplo é sentir-se sobrecarregado ou ansioso com uma situação estressante que pode levar a comportamentos de evitação, enquanto sentir raiva ou frustração pode resultar em uma abordagem mais assertiva;
4. Estresse e regulação emocional se influenciam[76]: o jeito como gerimos as nossas emoções é capaz de afetar a nossa capacidade de lidar com o estresse. Pessoas com fortes habilidades de regulação emocional podem lidar com o estresse de maneira mais eficaz, encontrando modos construtivos de tratar suas emoções. Por outro lado, aqueles que lutam com a regulação emocional podem experimentar níveis mais altos de estresse;
5. Emoções induzidas pelo estresse: assim como podem se regular, o estresse e as emoções se ativam reciprocamente. Ele pode levar a emoções específicas, como se sentir sobrecarregado, ansioso ou emocionalmente esgotado. Identificar e compreender essas emoções é provável ser essencial no desenvolvimento de estratégias eficazes de enfrentamento;
6. Estresse crônico e bem-estar emocional: a exposição prolongada ao estresse afeta nosso bem-estar emocional. O estresse crônico pode levar à exaustão emocional, irritabilidade e distúrbios do humor, contribuindo potencialmente para o desenvolvimento de problemas de saúde mental, tais quais ansiedade e depressão, como veremos nos parágrafos seguintes.

Falando em estresse e emoções, bem vale apresentar aqui um modelo teórico[77] ligado a presença de três específicos neurotransmissores essenciais para o controle das emoções: a noradrenalina, a serotonina e a dopamina. A presença massiva de noradrenalina tem sido acoplada à resposta de luta ou fuga e à ansiedade. A baixa presença de serotonina é ligada a comportamentos agressivos ou depressivos, enquanto altos níveis de serotonina estão ligados a emoções de confiança e satisfação. A dopamina está mais ligada a condutas de compensação. O modelo abaixo mostra que a existência baixa ou elevada de um neurotransmissor está relacionada a determinadas tipologias de emoção. Este modelo vai nos lembrar que nossos comportamentos dependem também de hormônios e neurotransmissores.

E, mais uma vez, volta a pergunta sobre nosso papel de liderança: qual tipo de ambiente estamos construindo com nossa equipe?

Neurotransmissor	Serotonina	Dopamina	Noradrenalina
Excitação	Alta	Alta	Alta
Alegria	Alta	Alta	Baixa
Surpresa	Alta	Baixa	Alta
Angústia	Baixa	Baixa	Alta
Terror	Baixa	Alta	Baixa
Vergonha	Baixa	Baixa	Baixa
Desgosto	Alta	Baixa	Baixa
Raiva	Baixa	Alta	Alta

Tabela 7. O modelo teórico das emoções de Lövheim (2012)

4.5 Clima agradável ou desagradável faz diferença para o burnout

O estresse especialmente no trabalho é o processo pelo qual as experiências e demandas psicológicas (estressores) no local de trabalho produzem mudanças de curto e longo prazo na saúde mental e física[78]. A exposição contínua a estressores diários, físicos, mentais e emocionais preconiza o burnout[79], pois o estresse crônico pode facilmente se transformar em síndrome de burnout[80] e até mesmo em morte[81].

O burnout[82] é uma condição de exaustão física, emocional e mental resultante do estresse crônico relacionado ao trabalho. Aqui estão algumas das características comuns associadas a ele:

1. **Exaustão emocional:** sentimento persistente de esgotamento emocional, falta de energia e sensação de estar sobrecarregado. Pode envolver sentimentos de vazio, apatia e desânimo;

2. **Despersonalização ou cinismo:** desenvolvimento de uma atitude distante, insensível ou negativa em relação às pessoas com as quais se lida no trabalho. Pode manifestar-se como cinismo, desumanização ou tratamento impessoal dos outros;

3. **Diminuição do senso de realização pessoal:** sentimento de incompetência e falta de eficácia no trabalho. Pode incluir uma sensação de falta de realização ou de não estar fazendo diferença significativa. Isso gera um prejuízo no desempenho profissional, como diminuição da produtividade, erros frequentes, dificuldade de concentração e perda de motivação.

Os sintomas físicos e emocionais do burnout se manifestam com fadiga crônica, dores de cabeça, insônia, alterações no apetite e problemas de saúde relacionados ao estresse. Além disso, é possível haver sintomas emocionais como irritabilidade, ansiedade, tristeza e baixa autoestima. Isso provoca deterioração das relações interpessoais que sejam pessoais ou profissionais, levando ao isolamento social, conflitos com colegas de trabalho e dificuldades em manter relacionamentos saudáveis na família.

O esquema bidimensional do bem-estar de Russell[83] ilustra que os sentimentos positivos e negativos fazem parte do mesmo *continuum* de emoções. Ao observamos o modelo mais de perto, a dimensão horizontal representa um *continuum* entre prazer-desprazer em realizar algo, e a dimensão vertical conecta a alta ativação ou excitação com a baixa ativação (nível de estresse, ou seja, de estímulos).

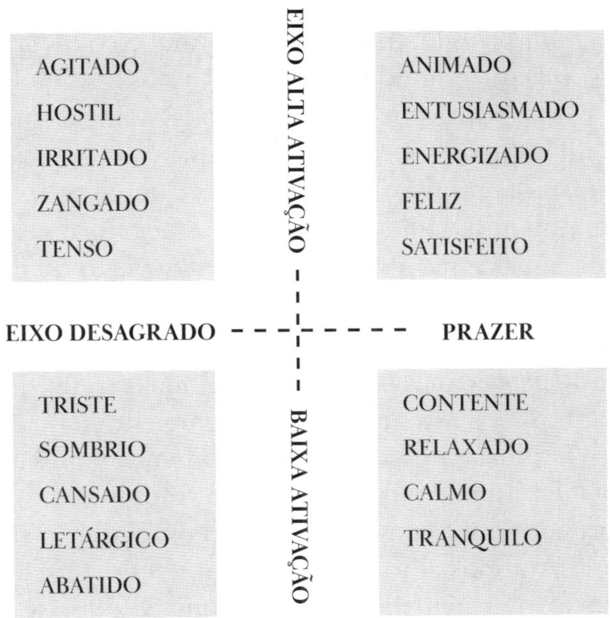

Figura 4. Esquema bidimensional stress e prazer (Russell, 1992; Bakker e Demerouti, 2007)

Quando realizamos algo por prazer, nossa percepção muda. Efetuar a mesma tarefa pode gerar energia e alegria para alguém e tensão e desconforto para outro, dependendo de como o indivíduo a percebe; por essa razão, as competências da inteligência emocional, especialmente a consciência emocional, são importantes, pois o entendimento do que sentimos, se é algo positivo e agradável ou algo desconfortante, nos norteia. Não se trata somente de fazer o que nos agrada, claramente, mas sim de realizar algo prazeroso, que nos satisfaz na maior parte do tempo. Dessa maneira, reduz o estresse e guardamos nossa saúde mental positivamente.

Segundo as inferências de Bakker e Demerouti [84](2007), quando fazemos algo prazeroso, estamos satisfeitos e engajados, já o contrário é assustador, pois sem prazer estamos no "workaholismo" ou no burnout.

O escopo original do autor desse modelo era criar uma estrutura cognitiva, em prol de organizar e resumir o conhecimento sobre as emoções: refletir e ponderar cada palavra desse molde pode nos ajudar a ter uma consciência mais aguçada sobre o funcionamento do organismo humano sobre as nuances que cada emoção aporta em nosso organismo. Assim podemos observar que o prazer de realizar tarefas que avaliamos como prazerosas e satisfatórias se torna o demarcador de águas entre estar bem ou estar perto do esgotamento, do burnout e da depressão.

Realizar uma enormidade de tarefas julgadas como agradáveis nos torna *workaholics*, mas executar as mesmas tarefas quando as julgamos desagradáveis nos queima! Isso demonstra o quanto é importante que toda pessoa possa seguir seus talentos e buscar o trabalho que a deixa feliz. Também é importante termos líderes esclarecidos e abertos para podermos conversar abertamente sobre o nível de agradabilidade das tarefas. Profissionais competentes e entusiasmados podem ser o alvo principal do burnout, uma vez que se autopressionam para conseguir atingir altos padrões[85].

4.6 O burnout no Brasil

A pandemia da Covid-19 indubitavelmente ampliou a crise de saúde mental no ambiente profissional, ainda que a atenção já estivesse sendo direcionada para a importância do bem-estar mental no trabalho antes de 2020. Uma pesquisa global realizada pelo Instituto Ipsos[86] revela que 53% dos participantes brasileiros admitiram ter experimentado um declínio na saúde mental durante o ano de 2020. Esse índice representou a 5º maior alta entre 30 países analisados.

A relevância da saúde mental no contexto laboral se intensificou ainda mais a partir de janeiro de 2022, quando a Organização Mundial da Saúde (OMS) introduziu uma nova classificação para a síndrome de burnout, também conhecida como exaustão profissional, definindo-a como "um estado crônico de estresse relacionado ao trabalho que não foi eficazmente gerenciado".

O burnout agora é oficialmente incluído na CID[87], a Classificação Internacional de Doenças, que é uma das ferramentas mais cruciais para o rastreamento de enfermidades e estabelece uma padronização global, disponibilizada para profissionais da área médica.

Esse dado deveria soar como um alarme para toda organização, pois a especificação "estresse relacionado ao trabalho que não foi eficazmente gerenciado" engaja no que tange a prevenir e gerir o estresse também na instituição. Esse alerta deve soar para que todo mundo dedique atenção à própria qualidade de vida. A síndrome de burnout aflige cerca de 32% dos mais de 100 milhões de trabalhadores brasileiros; surpreendentemente, 90% das pessoas que reportam sofrer com o burnout continuam desempenhando suas funções laborais.

Perguntas para investigar nosso estresse

Qual a nossa definição pessoal de estresse? A seguir, perguntas-chave a se fazer para evitar cair na armadilha do estresse crônico:

1. O que adoro fazer na vida? E no trabalho?
2. O que faço bem no trabalho (do meu ponto de vista)? O que faço bem (do ponto de vista de meus colegas, meu gestor e meus colaboradores)?
3. Com quem quero trabalhar? Tenho a possibilidade de trabalhar com pessoas da equipe que me compreendem?
4. Quais comportamentos meus me enchem de energia, de luz e de orgulho? Quanto na minha vida percebo que estou realmente contribuindo para o bem-estar/desenvolvimento da comunidade?
5. Do que o mundo necessita que eu possa oferecer? Quais comportamentos alheios me dão alegria, otimismo e esperança?

4.7 Impacto do estresse sobre nosso cérebro

Ter uma pessoa no cargo de liderança que compreende o impacto do estresse sobre a vida dos colegas de equipe se torna prioridade. O estresse negativo, de fato, reduz o CHA das pessoas, isto é, conhecimentos cognitivos, habilidades manuais e aptidões com atitude, logo nossos sentimentos, como demonstram as pesquisas[88].

	Funções do cérebro	Áreas do cérebro envolvidas	Mudanças na estrutura do cérebro	Mudanças da função
Estresse e cérebro	Memória	Hipocampo Amígdala	Atrofia e desordens da neurogênese, redução das sinapses, redução do número dos neurônios e alteração das sinapses terminais, redução da neurogênese e do volume do hipocampo	Desordens da memória declarativa, redução da memória especial, fraqueza da memória verbal
	Aspectos cognitivos e aprendizagem	Hipocampo Amígdala e lobo temporal	Ativação do processo neurodegenerativo	Redução dos processos cognitivos, desordem do comportamento e das funções cognitivas, redução temporal da reação

Tabela 8. O impacto do estresse sobre o cérebro (YARIBEYGI, 2017).

O estresse reduz a capacidade da nossa memória. Em prática, isso pode significar que a pessoa não lembra o que foi falado. Se a cada dia o seu colega de trabalho faz as mesmas perguntas sobre como realizar uma tarefa ou esquece informações importantes sobre como fazê-la, pode ser que esteja tentando gerir uma dose maciça de estresse. Se não percebemos o nível de estresse entre os membros de nossa equipe, podemos pensar que aquele nosso colega propositalmente faz sempre os mesmos questionamentos para nos irritar. Somos capazes também de pensar que a pessoa não é tão inteligente. Ao percebermos que a pessoa está estressada, conseguimos ter comportamentos mais empáticos, até sugerir para que nosso colega se cuide.

Antecipar o esgotamento profissional vale muito mais do que cair dentro do buraco do burnout e depois lutar para sair. Caso não notemos que o colega está estressado, podemos criar um ambiente ainda mais tóxico, pois a irritação crescerá de um lado e do outro, envolvendo também outras pessoas. Em geral, os agentes estressantes são eventos que nos enraivecem e desorganizam, situações que podem produzir tristeza, pavor ou incerteza, mas também um excesso de boas notícias, sendo capaz de obter um resultado parecido: ganhar na loteria e pensar como administrar o dinheiro pode ser igualmente estressante. Todavia, é possível nós mesmos causarmos e autoalimentarmos o estresse por meio de nossos pensamentos, emoções e expectativas.

Alguns dentre os motivos mais comuns de estresse estão listados a seguir. Identifique seus possíveis fatores de risco e depois inicie um plano de estratégia de prevenção para ajudar a geri-los sem cair na violência. Ao lado de cada situação, registre um exemplo pessoal.

- Incapacidade de exprimir sentimentos e emoções;
- Tarefas a serem realizadas em um prazo curto;
- Relacionamentos tóxicos;
- Doenças;
- Pandemia;
- Exigências e tarefas na escola;
- Administração do tempo;
- Confusão;
- Trânsito;
- Responsabilidades crescentes;
- Falta de controle sobre os acontecimentos;
- Solidão e isolamento;
- Decisões difíceis;
- Excesso de estímulos;
- Ter um trabalho instável;
- Sentimento de desânimo e desespero;
- Realizar atividades desagradáveis por um tempo prolongado.

Agora, confronte o esquema abaixo, responda quais os sinais que o corpo emite, que emoções são experimentadas e como nos comportamos quando estamos estressados. Tente lembrar dos episódios e situações que desencadeiam ansiedade e conecte quais reações físicas, emocionais e comportamentais são percebidas. Caso trate de sintomas combinados por um período prolongado, há a possibilidade de tornarem-se crônicos e, ainda, alterarem nosso modo de ser.

Evento estressante	Sintomas físicos	Sintomas emocionais	Comportamento possível
Tempo apertado	Músculos rígidos; taquicardia; dor no tórax; dor de cabeça; pressão alta; dor de estômago; cansaço.	Depressão; raiva; irritação; baixa autoestima; apatia; pessimismo; impaciência.	Comer sem regras; beber álcool; palavrões; desatenção; falta de memória; consumo de droga; vida sexual lerda.

Tabela 9. Impacto de um evento estressante.

4.8 Por que zebras não têm úlcera

Os animais exprimem raiva quando seu território é invadido ou quando desafiam um rival na busca por alimentos, ou cortejo e atividade reprodutiva. Intrometer-se nos objetivos sexuais e alimentares de uma pessoa pode, também, provocar raiva, que, se não for controlada, transforma-se em agressão e violência. Os animais "avaliam" o comportamento a ser adotado, baseando-se em fatores como o aspecto físico do outro, percepção de seu grau de agressividade e com certeza uma boa dose de sabedoria inata.

O neurocientista e pesquisador Robert Sapolsky, em seu livro *Por que zebras não têm úlceras*[89], usa a úlcera como uma metáfora simplificada para ilustrar como o estresse afeta diferentes espécies de maneiras diversas, em vez de afirmar literalmente que as zebras nunca têm úlceras. O conceito por trás dessa ideia é que, na natureza, muitos animais, incluindo zebras, experimentam estressores agudos (como escapar de predadores) que desencadeiam a resposta de "lutar ou fugir". Essa resposta libera hormônios do estresse como adrenalina e cortisol, que preparam o corpo para uma ação imediata. Depois que o agente estressogênico é resolvido, esses animais geralmente retornam a um estado de relativa calma, permitindo que seus níveis de hormônio do estresse voltem rapidamente à linha de base.

Por outro lado, os humanos frequentemente experimentam estressores crônicos, que podem vir de várias fontes, como trabalho, relacionamentos, finanças e muito mais. O estresse crônico pode levar à elevação prolongada dos hormônios do estresse, o que, com o tempo, contribui para problemas de saúde como úlceras, problemas cardiovasculares e outras doenças relacionadas ao estresse. O argumento de Sapolsky é que a resposta fisiológica ao estresse nas zebras é adequada às suas necessidades imediatas de sobrevivência na natureza, enquanto a resposta humana, adaptada para demandas de sobrevivência de curto prazo, pode se tornar inadequada, porque em muitas situações o ser humano não consegue nem atacar nem fugir, pelo menos não de forma tão física quanto os animais.

Imaginemos uma briga no trabalho com um chefe arrogante. Quando o oponente é visto como mais forte, não apenas do ponto físico, e potencialmente perigoso, a raiva que serviria de combustível para o ataque torna-se a raiva que permite fuga. A fuga, neste caso, seria de mandar nosso chefe ao "diabo que o parta" e sair batendo a porta — ou até de arrancar um pedaço do seu braço, pois nossa avaliação animalesca observa nossa superioridade física. Porém uma sobre-estrutura mental nos sugere que depois não teremos mais um salário mensal, que procurar um novo emprego demora e que talvez encontraremos novamente um gestor desagradável. Após todas as avaliações, mais ou menos conscientes, o comportamento escolhido é o de reprimir toda a carga emocional e se "submeter". Assim, o saudável e fisiológico mecanismo de ativação da emoção produz o carburante para enfrentar o chefe ou para fugir para longe. Mas se não colocamos em prática nem um nem outro, toda adrenalina, cortisol e outros hormônios estagnam dentro do nosso corpo. Essa cronicidade, que já vimos nos parágrafos sobre o estresse, deteriora nossos mecanismos saudáveis.

Muitos anos atrás uma querida amiga vivia em um ambiente de trabalho tóxico por causa do presidente da empresa. Como diretora de marketing suportava injustiças cotidianas, pois, em contrapartida, tinha uma ótima posição social e um bom salário. Nossos encontros sempre incluíam uma parte de desabafo e de histórias cruéis as quais ela vivenciava. Ela estava cada vez mais estressada. Até que um belo dia, chegou radiante, calma, apaziguada, parecia até mais nova. "O que aconteceu? Está apaixonada?" Não! Em uma enésima cena surreal do presidente da empresa, ela tinha esvaziado o saco de paciência que guardava selado. Ela fez uma cena teatral, gritou, soltou palavrões, esvaziou todos os episódios tóxicos que tinha acumulado com a frase final: "Você não vai me mandar embora! Eu vou me demitir agora." Saiu batendo a porta e foi embora. Mesmo hoje, depois de muito tempo, ela conta essa história rindo, com um grau de bom humor e hilaridade contagioso, sem um pingo de estresse. Por fim, ela atacou verbalmente o vexador e depois fugiu. Nesse momento, tornou-se a zebra sem úlcera! Contudo, não sem consequências importantes: perdeu o emprego e teve que procurar outro. Mil vezes melhor, até porque o ambiente era com certeza mais saudável!

4.9 Síndrome de estresse provocado pelas tecnologias

Podemos mencionar a utilização de tecnologia e redes sociais como uma subcategoria recente de gatilhos estressantes. Perder o celular, a lentidão do computador e ficar sem internet, assim como não ter o acesso às próprias redes sociais provoca mais estresse do que podemos imaginar, ao ponto de diagnosticar as síndromes de FOMO e de NOMO[90]. Os dois acrônimos vêm do inglês; FOMO significa *Fear of Missing Out*, no qual é o "medo de perder algo". É uma síndrome que se manifesta quando uma pessoa experimenta ansiedade ou preocupação intensa de estar perdendo algo interessante, divertido ou importante que está acontecendo nas vidas de outras pessoas. A FOMO é frequentemente associada ao uso excessivo de mídias sociais, em que as pessoas têm acesso a uma infinidade de informações sobre a vida de outras em tempo real. Ao ver as postagens e atualizações dos outros, aqueles com FOMO podem sentir-se excluídos, inadequados ou desconectados, o que pode levar a sentimentos de ansiedade e depressão.

A síndrome NOMO designa, em inglês, *No Mobile*, ou seja, "sem celular". É uma síndrome relacionada à ansiedade ou ao desconforto que algumas pessoas experimentam quando estão desconectadas de seus dispositivos móveis, como smartphones. A dependência excessiva de smartphones e a constante presença online podem levar a uma sensação de inquietação e ansiedade, conforme as pessoas são separadas de seus aparelhos. Os sintomas da NOMO podem incluir irritabilidade, agitação, dificuldade de concentração e uma sensação de estar desconectado do mundo.

Ambas as síndromes refletem os impactos psicológicos da era digital e das mídias sociais. O uso exagerado de dispositivos móveis e a contínua exposição a informações e comparações sociais podem contribuir para a ansiedade, o estresse e os sentimentos de isolamento. Parece impossível que alguém conseguisse viver e até viajar sem celular antes dos anos 1990.

4.10 Qualidade ou quantidade do estresse

A abordagem do estresse pode ser de tipo "quantitativo-objetiva" e responde à pergunta: por que o estresse se torna estressante? Bem como "qualitativo-sugestiva", na qual cada experiência varia de pessoa para pessoa, assim, a única generalização válida é averiguar com o indivíduo. De acordo com a primeira vertente, se os estímulos ocorrem em demasia, qualquer um se estressa.

Contar o número exato de estímulos diários recebidos por um ser humano é uma tarefa complexa e sujeita a diversas interpretações. Os estímulos podem ser entendidos de diferentes maneiras, como entradas sensoriais (visuais, auditivas, táteis etc.), mensagens digitais, interações sociais, notícias, anúncios e assim por diante. Além disso, a quantidade de estímulos pode variar muito de pessoa para pessoa, dependendo do estilo de vida, do ambiente em que vive e do uso de tecnologia. Com o advento da tecnologia digital e dos dispositivos móveis, o ser humano moderno pode estar constantemente exposto a uma grande quantidade de incentivos, como notificações telefônicas, e-mails, conteúdo de redes sociais, propagandas, informações de diversos tipos e muito mais. Isso pode levar a uma sobrecarga frequente de informações e estímulos, o que pode impactar nossa atenção, concentração e bem-estar emocional.

Embora seja difícil dar um número exato de estímulos recebidos diariamente, é seguro dizer que o ser humano moderno está exposto a uma enorme quantidade de informações em comparação com muitas épocas anteriores. A capacidade de gerenciar efetivamente essa quantidade e manter um equilíbrio entre a conectividade digital e o bem-estar mental tornou-se um importante tópico de discussão e pesquisa na sociedade contemporânea.

Bárbara Sarason[91], que defende a "qualidade-sugestiva", elaborou um questionário de subjetividade com as quatro dimensões principais a serem investigadas: eixo positividade e negatividade, eixo influência grande ou pequena, eixo previsibilidade, eixo facilmente ou dificilmente administrável. A próxima vez que nos sentirmos sob estresse, podemos repensar e classificar a situação como:

- Extremamente positiva ou negativa;
- Influencia grandemente (ou não) a vida diária;
- Previsível ou imprevisível;
- Facilmente administrável ou não.

A subjetividade varia no mesmo indivíduo até em relação à idade: viajar de avião pode ser fonte de curiosidade e alegria para uma criança, já para um adulto, um aborrecimento ou até motivo de estresse, se pensar em potenciais casos de terrorismo ou de acidentes aéreos. Depois de classificar nossas situações de estresse, seria pertinente observar se existe uma tendência em como enfrentamos nossas situações diárias.

O primeiro passo se refere ao desenvolvimento da consciência de estar estressado, identificando as situações que possam induzir ao estresse e aprendendo sucessivamente as técnicas eficientes para enfrentá-las. De fato, quando compreendemos o que nos causa estresse, podemos mudá-lo. Caso nem tenhamos consciência, continuaremos a caminhar na escuridão. O processo, gradual, requer prática e auto-observação. Sugiro monitorar algumas ocorrências para tomar consciência das causas de nossa irritabilidade. Reflitamos sobre as situações propostas, sublinhando qual parte da frase contém uma dose de estresse para nós:

- Trabalhar com prazos curtos ou longos;
- Dirigir com trânsito ou mesmo sem trânsito;
- Planejar as férias com bastante antecipação ou em cima da hora;
- Gerir imprevistos ou gostar de imprevistos;
- Frequentar ambientes lotados e barulhentos ou ambientes calmos e silenciosos;
- Cultivar algum *hobby* regular ou amar experimentar atividades novas;

- Ter um trabalho com tarefas planejadas e planificáveis ou ter um trabalho em que os imprevistos são a ordem do dia;
- Viver esperando a sexta-feira ou gostar da sua semana profissional;
- Trabalhar com uma equipe formada com pessoas que possuem características diferentes;
- Experimentar a culinária de outros países ou preferir a comida tradicional.

Observar como nos comportamos em cada um desses acontecimentos, como reagimos diante de situações que são neutras, quais estados de ânimo e variações físicas percebemos se torna uma maneira de nos conhecermos mais. Aprender a reconhecer os sintomas do estresse ajuda a desenvolver familiaridade e capacidade de aceitação, superação ou mudança dos agentes estressantes.

4.11 Agenda do estresse

Manter uma agenda daquilo que nos estressa ajuda a entender como podemos melhorar a causa desse sentimento e até o recompensar. O celular tem várias funções para guardar indícios dos eventos de nossa vida. Pelo menos seria uma maneira saudável de utilizar o aparelho "*diabólico*". Em algum momento, relendo nossos escritos, acharemos certamente um dado melhoramento na consciência e na gestão de eventos e da nossa emotividade. Obviamente, o experimento só funciona o praticando.

Para desenvolver os músculos, precisamos exercitá-los; assim, para desenvolver uma consciência do estresse que vivemos, precisamos prestar atenção, reconhecer as situações estressantes e observar nosso comportamento. Se praticarmos constantemente, após poucas semanas, veremos os primeiros resultados reconfortantes. A comparação é só para aumentar a consciência! O exemplo de diário a seguir será a sua escala pessoal para avaliar o quanto mudou e entendeu quais as áreas deve focar para desenvolver mais. Não subestimamos a importância da reflexão. Na coluna da esquerda, descrevemos elementos que tenham provocado estresse (pessoas, situações ou objetos), e na outra, a sua reação.

Lista dos eventos que me estressam	Minha reação (comportamento)

Tabela 10. Agenda do estresse

4.12 O vórtice de pensamentos

O *distress* não é provocado apenas por fatores externos. **Frequentemente, somos nós mesmos que o alimentamos, simplesmente com os pensamentos.** Imaginemos que acendemos uma fogueira: no início, há pouca lenha e a chama custa a pegar forma, então, para alimentá-la, devemos dar energia; usamos o atiçador e o papel, assopramos, talvez usemos líquido inflamável a fim de que o fogo permaneça aceso. Pois bem, os pensamentos imitam o mesmo mecanismo: um pensamento isolado se perde, mas se damos importância a ele, talvez construindo uma história em torno e dando emotividade a tudo, se torna um hábito, um "vórtice" que nos persegue. Estamos, obviamente, falando de pensamentos nefastos, que nos condenam a uma existência triste e raivosa. Sermos aprisionados pelos nossos pensamentos é uma fonte de estresse inacreditável.

Vejamos um exemplo exaustivo. Martina acabou de discutir com uma colega ao telefone. As duas moças fazem estágio no escritório de um contabilista. A primeira trabalha de manhã, a segunda, à tarde. Logicamente, devem se contatar bastante e se manter informadas sobre o que diz o contabilista e sobre o trabalho que desenvolvem. Martina telefonou para a colega para perguntar onde deixara a papelada necessária ao momento urgentemente. A colega responde com evasivas, talvez não tenha entendido do que se trata, dá informações confusas. Daí para o bate-boca é um pulo. O tom da conversa é tenso, as duas se cumprimentam cerrando os dentes. Martina encontrou aquela bendita papelada, mas o nervosismo que acumulou com o telefonema não ia embora. Martina continua a repensar no tom frio e ácido da colega, em como lhe respondeu mal, na pouca ajuda que deu, no fato de ela (Martina) estar sempre disponível para ajudar e que, com frequência, a colega a perturba em casa para perguntar onde está isso ou aquilo.

Ao fim da manhã, seu rosto está marcado pela desaprovação, os pensamentos sempre estão criando mais estrada: uma de mão única, que faz Martina tachar a colega de... bruxa. Mas os pensamentos não se detêm aí, Martina se questiona como a colega jamais a tratou assim antes, se pergunta se a colega é invejosa, talvez não se sinta à altura, ou ao contrário, subestima Martina. Quem sabe, queira roubar-lhe o lugar, quiçá codifique os arquivos de propósito, para só ela encontrar. Martina, que normalmente é sorridente, fecha-se em um casulo de dúvidas, tecendo fio após fio seus pensamentos, até aprisionar-se. Com isso, não consegue se concentrar para concluir o trabalho e acaba sendo repreendida pelo chefe. Essa advertência tem o mérito de apenas alimentar mais ainda o nervosismo e o sentimento de frustração de Martina nos confrontos da colega, já tida como ex-amiga de trabalho.

Quando a mente está pensando, um pensamento leva a outro, e a outro e, a outro, até um ponto em que ficamos incrivelmente agitados. A solução está na observação do que ocorre em nossa cabeça antes que os pensamentos tenham possibilidade de chegar ao ápice. Logo, para evitar o efeito "avalanche", devemos interceptá-los antes. Como? Tornando-nos conscientes das várias fases do pensamento e tirando um tempo de pausa, mudando completamente a atividade. Isso desacelera a avalanche. Martina poderia escrever todos os pensamentos bola de neve que teve e deixar o esquema bem escondido. Depois de algumas horas, seria capaz de retomar e observar o que realmente seria plausível e o que foi o efeito bola de neve. O parágrafo seguinte vai dar mais uma ferramenta. Tentemos com a ajuda do modelo a seguir:

1. Liste cada pensamento que sua mente produziu;
2. Dê atenção ao modo como seus pensamentos se envolvem;
3. Escreva as suas reações (sentimentos, sintomas físicos) que sentiu em relação a cada pensamento;

4.13 Preocupando-se com o que podemos influenciar

Outra forma de se posicionar ante o estresse consiste em compreender se os eventos que o provocam estão dentro do nosso controle ou se podemos variar as condições ou influenciá-las. Dar-se conta de que não podemos alterar a situação que causa estresse, de qualquer modo, ajuda a pôr a consciência em paz. Não tendo possibilidade de mudar a situação, tanto faz se a aceitemos, evitemos ou simplesmente convivamos com ela.

Por outro lado, conseguimos observar que é possível facilmente alterar, mudar ou cancelar a situação estressante se esta não for importante. Nesse caso, teremos resolvidos algo que antes parecia insuperável.

Controle		
	Controlável Não importante	Controlável Importante
	Não controlável Não importante	Não controlável Importante
	Importância	

Tabela 11. Esquema controle-importância.

Assim, podemos ocupar-nos de entender como aceitar melhor as situações de estresse. Por exemplo: só o fato de usar o carro para ir ao trabalho já pode liberar uma dose de estresse; somos capazes de tentar uma estratégia diferente? Quanto é importante para mim ir ao trabalho de carro? Poderia ir de transporte público? Ou ir a pé, ou viajar com outra pessoa? Buscar soluções para se dar melhor deveria ser uma prática cotidiana.

Quando o estresse é causado por algo que podemos controlar, devemos agir para modificar a situação. A habilidade é a de aceitar, enfrentar e transformar a direção para gerenciar eficazmente o estresse.

Parte II

A raiva e seu contexto

"Há dois tipos de pessoa raivosa: o cliente que grita e esbraveja contra quem está no caixa, que finalmente consegue acertar a refeição; e o caixa, que se sujeita diariamente e, então, num belo dia, pega uma arma e manda ver. Pois bem, você é o caixa."

(Do filme *Tratamento de Choque*)

Capítulo 5

Raiva e energia

5.1 Considerações gerais sobre a raiva

Em meados dos anos 2000, quando já estava me ocupando de emoções e de inteligência emocional e trabalhava para difundir a consciência e a alfabetização emocional, fui chamada como consultora técnica do filme *Tratamento de Choque*[92] cuja trama tratava exatamente de como gerir a raiva no trabalho. Meu colega norte-americano George Anderson compartilhou generosamente essa tarefa comigo e assim começou a minha aventura mais profunda com a emoção mais equivocada de todas.

A raiva é uma emoção humana bastante comum e mal compreendida. Ela gera energia vital que se manifesta e serve como ponte para entrarmos em contato conosco, com nossos sentimentos e desejos e com o modo como vivemos nossa relação com o mundo. A energia da raiva nos puxa para a determinação, para superar e enfrentar as situações difíceis e, ao mesmo tempo, um forte aviso indicando que algo não está bom para nós.

Antes de criticar ou elogiar a cólera, antes de entender sua origem, é importante lembrar que:

1. Todo humano sente raiva, logo não podemos excluir essa emoção da nossa vida;
2. A raiva é um poderoso instrumento de sobrevivência;
3. A raiva é fonte de energia;
4. Quando estamos enraivecidos, o organismo e a fisiologia se alteram;
5. A raiva em si é neutra; as reações e os comportamentos de como explicitamos a emoção fazem a diferença.

A raiva é um estado emocional natural e desenvolvido para nos ajudar a permanecer vivos, enviando mensagens a todas as partes do corpo e auxiliando na fuga ou na reação. Fornece-nos energia e prepara para a ação. Quando nos sentimos "energizados" pela raiva, é proveitoso indagar como usar essa energia, a fim de que seja a mais produtiva possível. Como ocorre com outras formas de energia, desejamos usá-la com eficiência e não perder ou desperdiçá-la. Semelhante à energia elétrica, essa emoção tem um custo, e utilizá-la com inteligência é fundamental para a nossa sobrevivência. Como essa emoção nasce em nós?

5.2 Como a raiva se ativa

Há um esquema que ilustra o mecanismo básico de detonação da raiva. Para compreendê-lo, devemos, antes de tudo, lembrar que a raiva é energia, ou melhor, são os neurotransmissores e hormônios que, quando estimulados, produzem uma descarga no corpo que ativa múltiplos mecanismos e nos fornece uma grande energia.

Tal energia deve ser usada de alguma maneira, pois se permanece dentro de nós, danifica nosso organismo, porém nem sempre essa energia é externalizada. Como se ativa essa variação no nível de energia? Vamos recorrer a uma abstração, ou seja, achar uma regra geral aplicável para compreender essa detonação. Meu colega está pedindo aquele relatório com urgência, pois o fluxo de trabalho está atrasado por causa minha, uma vez que não entreguei o relatório. Para entender a raiva, é importante começar a distinguir o que ocorre dentro de nós e o que acontece na realidade. No modelo A, efetivamente estou um pouco atrasado, mas já estou entregando o relatório e vou terminar meu dia de trabalho bem tranquilo e satisfeito. Estou no modelo A.

Vamos mudar um pouco o cenário. Aquilo que está acontecendo na realidade não é bem o que eu estava esperando. Eu tinha certeza de que esse relatório seria entregue amanhã à tarde. Para mim, a expectativa é de terminar amanhã. Mas o meu colega, irritado, fala que o prazo é para hoje. As informações que tenho diferem daquelas do meu colega. A minha realidade difere da realidade do colega. Essa diferença gera uma ativação no meu ser, isto é, uma carga de neurotransmissores e hormônios está sendo liberada dentro do meu organismo (e provavelmente dentro do organismo do meu colega também!).

A essa altura, começo a ficar impaciente, sinto a energia crescendo e percebo que a irritação está se tornando mais poderosa. O que vem a seguir depende muito de nossas competências emocionais (autopercepção da emoção e direcionamento da energia, como vimos nos capítulos anteriores). Muitas dimensões entram na minha avaliação, sejam conscientes ou automáticas: minhas rodovias neurais ante os desencontros, meu estado de estresse atual (saúde física, psicológica, relações tóxicas, contexto familiar, social, ecoansiedade).

Se estou consciente de minhas alterações psicofisiológicas, posso começar a trabalhar para encontrar soluções que satisfaçam a realidade, como no modelo B: fazer perguntas abertas e exploratórias, estar curioso para buscar soluções confortáveis para as duas partes, renegociar o prazo ou dar um gás para terminar ainda hoje, como proposto no paradigma de competências da Six Seconds ou de Goleman Boyatzis, por exemplo. Poderia buscar outras soluções, como pedir a ajuda desse mesmo colega para fazer a revisão, assim posso escrever as últimas informações. Consigo também verificar em outra fonte se o prazo é realmente hoje ou amanhã. Posso tomar a decisão de trabalhar depois do horário de trabalho. No modelo B, há um esforço consciente para gerenciar a situação e a energia produzida pela emoção.

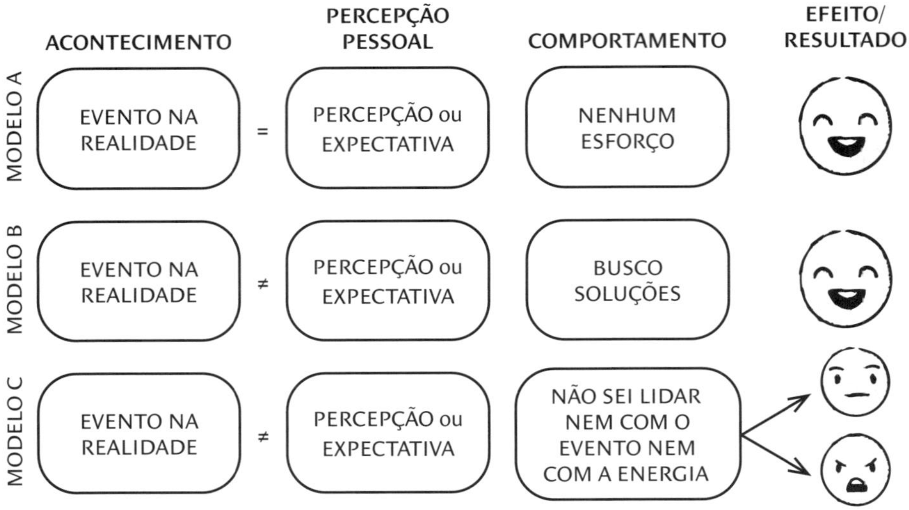

Figura 5. O modelo sinóptico das três ativações. Elaboração da autora.

Mas o que acontece se não controlarmos a energia? Entramos no padrão do modelo C: não sei como lidar nem com o evento nem com a carga energética que sinto. O comportamento agora toma um caminho automático, típico da minha rodovia neural, assim um descarrego para fora ou descarrego para dentro.

Se aliviar para fora, então minha energia se tornará visível e teremos um alterco, levantamento de voz, acusações e assim por diante. Convém destacar que todas essas ações não são fórmulas para mudar a realidade, para adaptá-la a meus esquemas mentais, mas apenas para desafogar a energia. Gritar, acusar, recriminar não serve para terminar mais rapidamente o relatório. Estamos provavelmente em um sequestro emocional: entrar com a outra pessoa na escalada emocional, em que o meu colega também não "enxerga mais pela raiva", rebaixamo-nos e ameaçamos "sair no tapa". Com certeza, isso não encurtará o tempo para terminar o relatório.

Ao contrário, caso não direcionemos nossa energia para fora, ela se desabafa dentro do meu organismo e nos sentimos frustrados, agitados e ansiosos (raiva implosiva). "Sou o azarado habitual, ninguém gosta de mim no trabalho, sempre sou vítima de injustiça."

Em outras palavras, quando não conseguimos manusear a energia da raiva, desistimos de resolver o problema que a provocou e nosso único "objetivo automático" passa a ser descarregar a energia, muitas vezes esquecendo a sua origem.

A leitura do esquema serve, assim, em qualquer situação de raiva. A regra fundamental é que a raiva surge conforme a realidade e a nossa expectativa ou imagem mental divergem além de certo limite.

E qual é o limite? Varia. É muito pessoal. Alguns podem "estourar" por pequenas diferenças; outros, por diferenças grandes, mas em tudo é essa "distinção" que detona a raiva. Quantas vezes vemos pessoas enraivecidas por besteiras, ou mantendo a calma em situação séria. Não é o mecanismo que nos diferencia, mas o quanto somos capazes de aceitar e trabalhar a diferença entre aquilo que "esperamos mentalmente" e aquilo que realmente ocorre.

É evidente que nem sempre podemos usar nossa energia para mudar a realidade. Assim, se conseguimos controlar a raiva, utilizamos a mesma energia para alterar o nosso esquema mental. Um exemplo: ter jogado um volante de loteria e enraivecer-se por não ganhar. Mesmo aí, a raiva deriva da diferença entre o que imagino – ganhar – e o que realmente ocorre – perder. Nesse caso, controlar a raiva não significa mudar a realidade, longe disso, pois os números foram sorteados e, a menos que volte no tempo, algo hoje improvável, é impossível mudar a realidade. Entretanto, podemos trabalhar sobre nosso esquema mental, começando a utilizar a energia para entender como o jogo funciona, quais as probabilidades de ganhar, como melhorar na próxima vez. Então, usamos a energia da raiva positivamente.

Tente agora analisar, conforme o esquema proposto, algumas situações em que sentiu raiva. Não importa sua intensidade, mas sim entender como ela surgiu. Eis algumas perguntas norteadoras:

1. Qual foi a situação?
2. Qual imagem mental eu tinha do evento?
3. O que ocorreu realmente?
4. Quando senti a "energia" saindo de mim, no momento, qual era a diferença entre a minha imagem mental e a realidade?
5. Como utilizei essa energia?
6. Se não controlei a raiva, como a descarreguei?

Analise pelo menos de quatro a cinco situações diferentes e tente relacioná-las ao esquema da raiva.

5.3 As origens da raiva

A raiva é uma emoção complexa que pode ser influenciada por fatores biológicos e comportamentais. Tanto as teorias biológicas quanto as teorias comportamentais oferecem insights sobre a origem da raiva. Eis um resumo das duas teorias[93]:

Teorias biológicas	Teorias comportamentais
Ativação do sistema nervoso: a raiva pode ser associada à ativação do sistema nervoso simpático, que prepara o corpo para responder a uma ameaça. Isso resulta em um aumento da frequência cardíaca, pressão arterial e liberação de hormônios do estresse, como adrenalina.	Aprendizado e socialização: a raiva pode ser aprendida e influenciada por meio de experiências de vida, como observar modelos agressivos ou receber reforços positivos para expressões violentas na infância. A aprendizagem social desempenha um papel fundamental na maneira como as pessoas interpretam e respondem aos eventos.
Neurotransmissores: certos neurotransmissores, como a noradrenalina e a dopamina, têm sido implicados no desencadeamento e regulação da raiva. A desregulação destes pode contribuir para respostas mais intensas de raiva.	Cognição e interpretação: o modo como as pessoas interpretam e avaliam uma situação pode influenciar sua resposta de raiva. Fatores como expectativas, crenças distorcidas, interpretação negativa de intenções alheias e pensamento irracional são capazes de contribuir para a geração de raiva.
Influência genética: estudos sugerem que a predisposição genética pode influenciar a maneira como as pessoas experimentam e expressam a raiva. Alguns indivíduos podem ter uma sensibilidade aumentada às situações estressantes, o que é possível contribuir para uma maior propensão à raiva.	Estratégias de enfrentamento. A forma como as pessoas lidam com o estresse e os desafios também pode influenciar a experiência e expressão da raiva. Estratégias de enfrentamento ineficazes, como supressão emocional, ruminação ou agressão direta, levam a uma expressão mais intensa e prolongada da raiva.

Tabela 12. Teoria Biológica vs Teoria Comportamental

É importante ressaltar que as teorias biológicas e comportamentais não são mutuamente exclusivas. A raiva é uma emoção multifacetada que envolve uma interação complexa entre fatores biológicos, cognitivos, sociais e ambientais. O entendimento da raiva requer uma abordagem integrativa que leve em consideração essas diferentes perspectivas.

Os defensores da raiva biológica argumentam que a agressividade e a raiva são muito mais disseminadas nos machos de espécies mamíferas, abrangendo os seres humanos. Isso se explica pela presença do hormônio masculino, a testosterona, principal responsável pela sexualidade e agressividade, que contribui para a manifestação de comportamento de indivíduos muito irascíveis. São conhecidos os experimentos conduzidos com ratos nos anos 1970 que foram inoculados com hormônio androgênico; os ratos se mostraram mais agressivos que a média[94].

Uma pesquisa feita com um time de futebol estrangeiro[95] mostrou que quando jogam em casa, os jogadores atingem um nível de testosterona superior àquele de quando viajam. O motivo é explicado pelo fato de que em casa, além de querer vencer, há um motivo psicológico que impele o indivíduo de forma psicofisiológica, fazendo-o produzir doses maciças de testosterona.

A teoria comportamental atribui a manifestação da agressividade e consequentemente, da cólera, a comportamentos aprendidos quando criança (o Capítulo 3 pode ajudar a lembrar melhor). Na criança, seu cérebro é como uma esponja que absorve o mundo exterior, e uma das fontes mais respeitadas acabam sendo os adultos que a circundam.

Semelhante a como aprendemos a falar, escutando a voz de quem estiver próximo, praticamos os modelos de comportamento, e dia após dia, eles se consolidam dentro de nós. De forma inconsciente, vemos e percebemos como se deve reagir diante de um imprevisto, dor, situações críticas. Imitando o comportamento dos adultos, crescemos crendo que aquela seja a única conduta, já que não temos outras referências.

Além disso, se comportamentos agressivos satisfazem nossas necessidades, isso então reforça a ideia de que tais comportamentos são os únicos possíveis e eficazes. A seguir, um exemplo fácil de se entender são os comportamentos de intimidação: o valentão do colégio, arrogante, dá cascudos nos mais fracos para lhes tomar o lanche. Para não apanhar mais, um rapaz indulgente que não tem como se defender pensa consigo e colabora para reforçar no valentão a imagem que os arrogantes vivem mais facilmente. Obviamente, o valentão aprendeu também que se impera a lei do mais forte.

A pessoa tolerante tem, provavelmente, um modelo familiar condescendente, que, em vez de reagir, atua filtrando a emoção da raiva com ponderações sobre o porquê se enraivecer e o que se pretende com isso. E, talvez, até aponte a melhor via para atingir o objetivo que se almeja, sem recorrer à arrogância, violência ou raiva. Essa hipótese dá grande importância à educação que recebemos, ao ambiente em que crescemos e aos modelos comportamentais que temos em casa, na escola e na mídia. As crianças que veem os próprios heróis distribuindo socos e chutes encontram um motivo a mais para imitar esse comportamento.

A terceira teoria sobre a raiva reúne as duas opostas. Aristóteles já dizia: "Corpo e mente são uma unidade, aquilo que influencia um, atinge o outro, e vice-versa." Certamente, os hormônios influenciam nossos pensamentos[96] e, em consequência, o comportamento biológico; mas o comportamento que se aprende consiste em mediar de forma inteligente (do ponto de vista emocional e racional) aquilo que ocorre. Por isso, é importante manter o organismo sadio, praticando atividades que possamos engajar o corpo com programas de autodesenvolvimento, que auxiliem a tomada de consciência do comportamento ou que sejam dirigidos a um ajuste da produção de hormônios. Dessa forma, estabelecemos um equilíbrio adequado entre o corpo e a mente.

Evidentemente, o contexto em que ocorre uma situação de raiva é determinante: se eu aprendi a ser compreensivo e tolerante, mas me encontro em um ambiente em que não se aprecia esse tipo de atitude, facilmente modifico o meu temperamento dócil. Vejamos um de tantos episódios de violência coletiva: individualmente, as pessoas envolvidas tendem a ser "boas pessoas", porém em grupo se soltam. No estádio, após um jogo de futebol, à noite, com as lixeiras, danificando carros, e, pior ainda, destruindo e brigando, como um bando de selvagens.

5.4 A gota que faz transbordar o copo

Caso desejemos entender como irrompe a raiva, podemos realizar um experimento que ficará na memória por muito tempo. Nas conferências, quando falo sobre raiva, estresse e acúmulo de episódios negativos, mostro uma simples imagem. As pessoas se impressionam ao ver e perceber como cada um de nós funciona e como é fácil "estourar" de um momento para o outro, com um ataque de cólera.

Pego um belo copo, como um cálice. O copo representa nós mesmos e a nossa capacidade de guardar experiências desagradáveis. Imaginemos que o copo esteja vazio e que aconteça algo que consideramos negativo ou contraproducente: talvez se levantar cedo de manhã, às 6h30, para ser pontual em um encontro às 8h, no outro lado da cidade. Mas o encontro foi cancelado. Isso faz, com certeza, nossa cabeça rodar. Cada vez que ocorrer algo assim, colocamos um pouco de água no copo; quanto mais água, mais irritados ficamos.

Pode ser que a pessoa com quem nos encontramos tenha tido contratempos de última hora. Talvez algo grave. De qualquer forma, não nos interessa, pois a desculpamos; mas isso não nos impede de ficarmos um pouco zangados. Estamos no trânsito, exatamente na parte oposta de onde fica nosso escritório. Para chegar lá, precisaremos de uns quarenta minutos. Período em que há buzinadas, gente fazendo várias ultrapassagens, semáforos que demoram a mudar, gente atravessando fora da faixa. "Bom! Talvez até eu faça isso também!" Seriam necessários mil olhos para não provocar um acidente. E assim enche de mais água o copo. Finalmente estamos próximos ao escritório.

O estacionamento não tem vagas. O manobrista do estacionamento demora. Nem são 10h e o copo já está pela metade. O escritório poderia até ser um lugar agradável, e o trabalho não é ruim. A não ser por aquele colega que torna a sua vida difícil com comentários desprezíveis, fazendo de tudo para parecer melhor do que você aos olhos do chefe. Só em pensar em todas as baixarias que já sofreu, coloca-se mais água no copo. Agora você está ruminando as baixarias quando entra o chefe e lhe diz que há problemas com aquele projeto: chamou o cliente e quer modificações durante a hora do almoço. Você se anima, talvez sejam pequenos detalhes... espera que seja assim. Mas em vez disso, enche de mais água o copo. O computador demora, talvez um vírus? Mais água no copo. A partir desse momento, o seu copo está cheio e basta uma pequena chateação para fazê-lo transbordar. Quem será o ápice da última gota?

A essa altura, durante os cursos, deixamos transcorrer alguns segundos. O copo está tão cheio que pode transbordar com apenas um leve movimento de pulso. *Triiiiim*, o celular. É seu/sua parceiro/a pedindo para buscar algo na loja. A água transborda furiosamente, levando consigo todas as aporrinhações acumuladas, talvez não só durante a manhã, mas resgatando também situações antigas.

Quanto há de verdadeiro nesses berros e nessa manifestação de raiva? Muitas vezes, o auge da última gota é uma vítima inconsciente, que faz transbordar o copo: pode ser um filho, o marido ou a mulher, os parentes próximos, os amigos, os colegas de trabalho. Pessoas que apenas cometeram o erro de pedir ou dizer algo quando estávamos cheios. O pior de tudo é que mesmo transbordando, o copo continua quase cheio e de novo basta uma série de acontecimentos negativos menores para provocar um outro dano.

5.5 Raiva em resposta ao medo, a eco e socioansiedade

As reações ao medo podem dar vazão a dois diferentes comportamentos: o ataque ou a fuga. A raiva é um dos combustíveis do ataque. A cólera, ou melhor ainda, a ira, a raiva, é a energia de que nos servimos para derrotar um antagonista. Quanto maior a intensidade da emoção, maior a energia gerada para combater física ou verbalmente. Muitas vezes, experimentamos a raiva como resposta ao medo, mas não temos consciência dessa relação. Nos EUA, por exemplo, desde os atentados de 11 de setembro de 2001, instaurou-se um medo jamais vivido antes, uma ansiedade e agitação que são transformadas rapidamente em raiva e estresse[97]. O homicídio do afro-americano George Floyd despertou uma onda de protestos e um conjunto de sentimentos como ansiedade, raiva e medo, emoções vivenciadas pelos afro-americanos há centenas de anos, acordando em muitas nações a consciência sobre as injustiças sociais e raciais[98].

Ecologia e problemas ligados ao aquecimento global são também grandes causas recentes de ansiedade social[99]. Ecoansiedade[100] é um termo que capta experiências de ansiedade relacionadas a crises ambientais. Esse termo é mais abrangente que a ansiedade provocada pelas mudanças climáticas, ou seja, a ansiedade especificamente relacionada à mudança climática antropogênica, incluindo aquecimento global, aumento do nível do mar e aumento da incidência de desastres naturais e eventos climáticos extremos, bem como em relação a uma multiplicidade de calamidades ambientais. Além disso, estas podem ou não ser causadas diretamente pela mudança climática, incluindo a eliminação de ecossistemas inteiros e espécies de plantas e animais, incêndios, poluição em massa e desmatamento. Sentirmo-nos impotentes perante os desastres climáticos e sociais pode despertar um sentimento de ansiedade crescente que pode sair com ações raivosas e violentas.

5.6 Raiva e relações de trabalho

Marco frequenta um curso de gestão de emoções voltado ao trabalho em equipe. Diplomado brilhantemente há pouco, com alguma experiência de estágio no exterior, voltou à Itália e há um ano trabalha em uma equipe de pesquisas químicas de uma grande empresa italiana. O chefe tem quinze anos a mais que Marco e o trata como um reles iniciante. Marco, que teve uma educação rígida, respeita demais a hierarquia e suporta o comportamento do chefe, mas quando fala a respeito, diz que o odeia. "Recém-contratado, sou alvo de adjetivos pouco educados, ele grita e berra as ordens do dia, os colegas me diziam que o chefe estava nervoso porque tinha problemas... e que eu me acostumei. Mas é difícil aguentar: 'você é um cabeça oca' ou 'você é um idiota'. Estou procurando outro emprego, uma empresa que me valorize e espero não ter mais que aturar pessoas agressivas assim. Os meus colegas se acostumaram a esses 'ataques'. É uma pena pelo trabalho, que eu até gosto... mas não quero ter de aturar mais."

Para a empresa, a saída de Marco será um prejuízo: a sua ficha de avaliação mostra que o rapaz atinge resultados notáveis (aliás, até seu chefe o reconhece como uma pessoa com forte potencial). Esse jovem químico encontra-se em uma situação brutal: aguenta todos os dias a ira do chefe, reprime o seu desapontamento e não sabe como mostrar ao superior que suas atitudes são prejudiciais. Cedo ou tarde, ele vai explodir e a empresa vai perder um valioso profissional. A raiva pode arruinar as relações com companheiros de escolas ou com colegas de trabalho, limitando nosso sucesso e obstruindo nossa capacidade de conseguir importantes resultados, de alcançar altos níveis e desenvolver um trabalho de qualidade.

Entender-se com os outros ajuda a ter sucesso na escola ou no trabalho, embora não devamos fazer amizades à força. Porém, a fim de livrar a pele de nossos colegas e manter um nível de interação construtiva e de comunicação, isso auxilia na apreciação das pequenas alegrias cotidianas. Sonhar com a sexta-feira e se desesperar no domingo à noite porque "recomeça a semana" é realmente prejudicial, para nós e para os que estão próximos.

A falta das competências de inteligência emocional nos prejudica no trabalho[101]. Entre os dirigentes, a necessidade de controlar a raiva, especialmente em situações de estresse, é a causa principal da perda de promoções, demissões e de pedidos de aposentadoria.

No ambiente escolar, os estudantes que atingem os melhores resultados são habitualmente aqueles que mantêm boas relações com professores e colegas. Estar em condições de administrar as próprias emoções, a despeito das frustrações diárias que todos têm, é crucial na obtenção do próprio sucesso.

5.7 Raiva como emoção e como comportamento

É importante distinguir entre a raiva enquanto emoção e a raiva como comportamento. Temos por hábito associar a raiva a algo negativo, vendo-a como uma emoção a ser banida, um sofrimento, um desabafo inúteis, um desperdício de energia. Na verdade, a cólera, com frequência, é um sinal de que devemos nos afirmar e que nos dá motivação para fazê-lo. Expressar raiva é muitas vezes mais convincente do que qualquer discurso, e permite, de vez em quando, obter o que se quer, enfrentar e resolver situações de arbitrariedades e de reafirmar a si mesmo e a seu sistema de valores. Mas, para isso, é necessário ter a "justa medida" e saber se expressar com o código correto.

Um antigo conto indiano pode ser instrutivo: "Era uma serpente assaz, peçonhenta e feroz que um dia encontrou um velho sábio, o qual a persuadiu a se amansar. Mal os habitantes do vilarejo perceberam que a serpente descansava quieta em um canto, começaram a lhe atirar pedras, submetendo-a a abusos e sevícias. A serpente se escondia e esperava que o velho sábio reaparecesse e a liberasse da infausta promessa. O sábio finalmente reapareceu para lhe dizer que ela distorceu o conselho e a promessa e que deixar de usar o veneno não significava renunciar a emitir sibilos e assobios."

Estudos de pesquisadores de Harvard sobre a conexão entre infarto e a repressão das emoções descrevem de forma mais complexa a relação entre doenças cardiovasculares e estado de ânimo ligados à raiva sempre contida e, desse modo, prejudicial ao coração. De fato, verificou-se que enfartes são comuns entre pessoas que tendem a reprimir tal sentimento[102].

Alguns exemplos de como direcionar a cólera em um comportamento eficaz provém do mundo do esporte. A campeã de esgrima, a ucraniana Olga Kharlan, depois de ganhar contra a adversária russa, não a cumprimentou, em protesto contra a Rússia. A coragem das mulheres iranianas se exemplifica no comportamento da Sara Khademalsharieh, campeã de 25 anos. Ela faz parte da equipe de xadrez do Irã e participou do campeonato mundial no Cazaquistão, desafiando o regime e tirando o véu para participar do concurso. Um gesto forte avesso à repressão contínua contra os manifestantes, que continuam saindo às ruas após a morte de Mahsa Amini. Uma atitude flagrante, mas sem violência[103].

Capítulo 6

Raiva explosiva e raiva implosiva

6.1 Raiva implosiva e explosiva

Todo mundo enraivece. O que varia de um indivíduo para outro é a maneira como a raiva se mostra, bem como sua intensidade.

No filme *Tratamento de Choque*, um dos ensinamentos expostos é que a raiva pode ser implosiva ou explosiva. Os dois exemplos extremos são caracterizados pelos atores Adam Sandler (implosivo) e John Turturro (explosivo). Dave, personagem de Adam Sandler, tem um caráter moderado e não reage às provocações. John Turturro interpreta o doido varrido, esquentado, pavio curto que sempre procura uma desculpa para detonar suas reações violentas de raiva. Obviamente, são dois casos opostos e generalizados que exprimem comportamentos de raiva. A de Dave é completamente interiorizada, e a de John, completamente exteriorizada. Em ambos, trata-se de raiva não consciente.

Quem interioriza não tem consciência de estar realmente enfurecido, tanto que Dave, no filme, está convencido de não ter necessidade de cuidar da sua raiva. Quem exterioriza sem controle também não tem consciência da sua emoção e das consequências negativas que pode produzir nas outras pessoas e em si.

A raiva reprimida não é apenas perigosa pelo efeito panela de pressão, ela pode ser expressa também de outros jeitos pouco saudáveis, como um comportamento passivo-agressivo ou fazer-nos parecer hostis e cínicos. Criticar continuamente o que é feito pelos outros, com comentários debochados, esconde uma raiva reprimida, mal direcionada, que destrói as relações e muito frequentemente nos leva a uma autoexclusão, pois sempre fere a nossa autoestima.

Ao mesmo tempo, a raiva expressada exageradamente cria problemas parecidos. A descarga de raiva descontrolada é um comportamento "socialmente condenado", ou seja, uma ação que atinge diretamente a imagem da pessoa. A raiva descontrolada torna-se quase uma droga, um vício, que pode nos fazer dependentes de uma emoção imprevisível e poderosa, a que não estamos em condições absolutas de controle.

Pode-se perceber que a raiva é um problema sem domínio pelas consequências e resultados que produzimos. Se são efeitos danosos, se rompemos as relações com os outros ou somos considerados "briguentos", então provavelmente para nós a raiva descontrolada é um problema real. Conseguimos reconhecer nosso tipo de raiva por algumas expressões externas, típicas dos comportamentos implosivos ou explosivos.

A seguir, apresentamos uma tabela com algumas expressões características das raivas implosiva e explosiva. Como já dito, essas expressões típicas são generalizadas por serem diferentes entre si e orientadas para assuntos ou objetos diversos. A lista deve apenas servir de guia, de campainha de alarme, para refletir.

Raiva exteriorizada/explosiva	Raiva interiorizada/implosiva
Verbalizações de raiva; Praguejar; Ser ameaçador; Mostrar-se hostil; Desprezar; Mostrar os punhos; Fazer comentários depreciativos; Intimidar; Orgulhar-se de ações violentas; Ter comportamento provocativo; Ser sádico; Violar os direitos alheios; Gritar; Ser neurótico; Ser excessivamente polêmico; Zombar dos outros; Não conseguir conter a raiva.	Sentir-se mal consigo mesmo; Abusar de álcool ou drogas; Sentir-se infeliz; Sentir-se ofendido; Sentir-se culpado; Sentir-se inferior; Sentir-se fracassado; Sentir-se humilhado; Sentir-se perseguido; Sentir-se impotente; Ser invejoso; Sentir-se rejeitado; Estar apático; Sentir-se deprimido; Sentir-se indefeso; Sentir voltas no estômago; Ter vontade de sumir.

Tabela 13. Sinóptica sobre raiva explosiva e implosiva. Elaboração da autora.

Reconhecer-se em alguma das expressões pode ser sinônimo de raiva implosiva ou explosiva. Tente listar suas expressões desses tipos de raiva. Quantas são iguais às da tabela e quais são diferentes?

6.2 O sequestro emocional da raiva explosiva

"Claro que me enraiveço, todo mundo se aborrece. Seguro, seguro e no fim estouro, viro uma fera. O que é bom dura pouco, esquento-me fácil, se alguém aparecer de repente, bem na hora do estouro... coitado. Lembro de todos os momentos que me fizeram esquentar o sangue: uma vez, estava em uma discoteca e um sujeito insistia em passar perto e me tocar o traseiro, uma, duas, na terceira vez estourei. Vi tudo preto, não via nada em volta, só a cara dele; dei-lhe uma bolacha tão forte que o anel que eu usava fez um corte de alguns centímetros. Depois, eu mesma o acompanhei ao pronto-socorro. Não aguento desaforo, aí respondo. Outra vez, peguei um namorado na cama com outra. Já andava desconfiada de que ele tinha um cacho, eu tinha a chave da casa, entrei de repente, e ele lá, nu, foi um flagrante; acendi a luz e fiquei ali olhando um tempo. Fulminava ele com os olhos. Acho que durou uns minutos. Os pensamentos rodavam, pensava 'está de gozação comigo, não tem respeito', coisas assim. Até hoje me lembro, já faz seis anos. Fiquei uma fera, destruí, literalmente, a casa: virei poltrona, quebrei garrafa. Ele tinha uma coleção de garrafinhas e animais da Swarovski... joguei tudo no chão, destruído, pisoteado, arremessado contra a parede, rasguei os móveis, derrubei tudo, como nos filmes. Só me acalmei quando não tinha mais nada para quebrar!" – assim conta Lívia, 28 anos.

O episódio relatado por Lívia evidencia que quando alguém se enfurece violentamente "vê tudo preto" e seus "pensamentos passam a mil" de forma frenética e desconexa. Os pesquisadores descrevem esse tipo de reação como um sequestro emocional[104], no qual nos leva a fazer tudo aquilo de que nos arrependemos depois.

Uma maneira eficiente de evitarmos os danos causados pela raiva em muitos casos é simplesmente exprimir o próprio sentimento antes que seja tarde demais[105]. Isso ajuda a manter o cérebro calmo e fora do estado de agitação que conduz a uma reação mais primitiva.

Nem todas as situações são favoráveis ao nosso controle sadio da raiva. Constantemente, defrontamo-nos com situações que acreditamos não ser possíveis de controlar. Além disso, ao pensarmos por um momento, nem todos reagimos como Lívia, caso nos encontremos em situação semelhante. O que isso significa? Que há alternativas de comportamento que podem ser praticadas de modo igualmente satisfatório, mas não violento/agressivo. Provavelmente, se tivesse escolhido esse outro modo de satisfação e refletido mais, em vez de quebrar tudo, Lívia teria agido de modo diferente.

Lembremos que o sequestro emocional pode levar a um caminho difícil para nós e para os outros e que para preveni-lo, deveríamos monitorar com presença nossas sensações, emoções e pensamentos.

Pessoas hostis e raivosas têm menos probabilidade de ter relacionamentos saudáveis do que indivíduos menos hostis. Por estarem constantemente com raiva, elas tendem a ter menos amigos. Pessoas hostis também têm maior probabilidade de ficarem deprimidas e de se tornarem verbalmente e/ou fisicamente abusivas em relação aos outros. Mais importante ainda, a raiva crônica reduz a intimidade nas relações pessoais; parceiros e outros membros da família tendem a ser mais cautelosos e menos capazes de relaxar em suas interações com essas pessoas. Aquelas com raiva frequente têm atitudes cínicas para com os outros e são incapazes de reconhecer ou utilizar o apoio quando disponível. Como as pessoas hostis não percebem o impacto que seu comportamento tem sobre os outros, elas não enxergam que estão afastando as pessoas quando recusam ou ridicularizam tentativas genuínas de ajuda.

Pessoas com raiva crônica também tendem a beber, fumar e comer mais do que seus colegas menos irritados. Sem uma rede social de pessoas para atenuar essas tendências, a probabilidade de consequências graves para a saúde é alta. Agredir verbalmente seu chefe, sem dúvida, fará com que você seja demitido. Da mesma forma, pular do carro para atacar um motorista que cortou a rua pode levá-lo ao tribunal. A raiva descontrolada resulta em perda de emprego, da família e até prisão. Indivíduos que não conseguem controlar seu comportamento disruptivo e agressivo provavelmente sofrerão não apenas riscos aumentados de problemas de saúde, mas também sérios problemas sociais.

6.3 Sinais de alerta de raiva perigosa

Antes ou depois, cada pessoa pode sentir raiva. Isso é saudável e natural, não cansaremos de dizê-lo. Porém esses cinco sinais mostram quando a raiva cria problemas (seja ela implosiva ou explosiva).

1. Quando é muito frequente: há muitas situações em que sentir raiva é justificável e natural. Entretanto, se com frequência enraivecemos quando não é necessário nem útil, estamos em uma trilha perigosa! É preciso identificar o momento em que se enfurecer é justo ou justificável e quando não é prudente. Caso a frequência com a qual avaliamos nossa raiva explosiva for necessária, talvez estejamos abusando.

2. Quando é muito intensa: a raiva é um sentimento que pode se manifestar em diferentes níveis de intensidade. Um grau de moderado ou até mesmo leve pode pesar a nosso favor em algumas situações. Mas os níveis excessivos dificilmente trazem resultados positivos e abrem o caminho da escalada (ou seja, as pessoas raivosas acrescentam seus gestos de raiva e, depois de palavras violentas, podem passar rapidamente a comportamentos violentos).

3. Quando dura demais: ao passo que a raiva prolonga demais, permanecemos em um estado de excitação e estresse que leva além dos limites normais. Quando a raiva não passa, todo o equilíbrio do corpo é alterado, tanto que nos tornamos mais suscetíveis a enfurecermos repetidas vezes à medida que qualquer coisa vai mal.

4. Quando conduz à agressão: os atos agressivos provavelmente nos causam dificuldades. Quando nos sentimos ofendidos ou tratados injustamente, desejamos tratar mal a pessoa que nos destratou. A agressão verbal frequentemente termina por levar a práticas de agressão.

5. Quando destrói os relacionamentos (no trabalho e na vida pessoal): quando a nossa raiva interfere no trabalho, a ponto de nos comprometer o sucesso ou tornar difícil os relacionamentos com os outros, isso constitui um problema.

6.4 Sinais de situação de risco

Há inúmeras situações de risco que podem nos deixar vulneráveis à ira ou a um comportamento violento. Essas situações são o adubo sobre o qual pode nascer e crescer a raiva implosiva ou a violenta. Abaixo, examinaremos um conjunto de fatores que representam uma ameaça para a nossa raiva. Depois de lê-los, identifique antes de tudo os seus possíveis fatores de alto risco e complete a lista.

A melhor maneira de controlar a raiva é reconhecendo os menores sinais de perigo, a fim de evitar que ela saia de controle. A seguir, há uma lista de fatores de alto risco elaborada em conjunto com participantes de nossos cursos:

- Sentir sentimentos negativos, atitudes, pensamentos e comportamentos considerados negativos;
- Estar em um ambiente onde é banal dizer blasfêmias, palavrões ou onde usam imagem de violência e agressão verbal elevada;
- Não poder dizer o que pensa na escola ou no trabalho;
- Não ter amigos com quem desabafar;
- Sentir ansiedade ou nervosismo;
- Entediar-se sempre ou ter pouco interesse;
- Não perceber suas emoções (por exemplo: "Não estou com raiva");
- Sentir-se deprimido;
- Ter comportamentos excessivos ou impulsivos (isto é, arriscar ou comer demais, gastar muito dinheiro, trabalhar bastante);
- Sentir-se exausto ou cansado;
- Não ter tempo para si próprio;
- Ter preocupações que parecem intransponíveis;
- Sentir-se sem ajuda e sem esperança;
- Ter sentimento de culpa frequente ou provocar os outros;
- Ser demasiadamente impaciente;
- Achar a vida sem sentido (nada parece importar, tudo parece brincadeira na vida);
- Sentir solidão ou isolamento;

- Reviver memórias dolorosas continuamente (isto é, divórcio, morte de pessoa amada ou experiência de ter crescido em uma família difícil);
- Ter problema com álcool ou drogas;
- Ter comportamentos compulsivos;
- Sentir ressentimento e ódio;
- Compadecer-se;
- Sentir vergonha;
- Beber ou fazer uso de drogas para socializar com os outros;
- Ter problemas de relacionamento com os outros;
- Faltar argumentos ao discutir com outra pessoa;
- Ter dificuldade de conhecer pessoas e empreender novas relações;
- Ter dificuldade para acreditar ou confiar nos outros;
- Pessoas próximas abusam do álcool ou das drogas;
- Seu parceiro tem problemas com drogas ou álcool;
- Ter problemas sexuais (isto é, impotência, não ter orgasmos, falta de controle sobre o comportamento ou sentimentos sexuais, comportamento sexual tido como impróprio pelo parceiro);
- Estresse específico ou problemas em uma relação (isto é, "não posso ir em frente com meus pais, ou meu/a marido/mulher", "não consigo continuar com minhas responsabilidades como pai/mãe");
- Ter medo de ter sucesso no trabalho (isto é, ser promovido, ter mais responsabilidade);
- Ter dificuldades para planejar férias ou momentos de relaxamento;
- Sentir-se esgotado pelos problemas;
- Sentir insatisfação com a própria vida/trabalho/família/amigos;
- Falta de formas construtivas para transcorrer o expediente;
- Não ter nenhum hobby no tempo livre;
- Ter ou achar que tem problemas psicológicos.

6.5 Um exemplo de raiva implosiva no trabalho

Existem duas tipologias de implosões: as permanentes e as temporárias. A primeira categoria é aquela cujas pessoas implodem a própria raiva de maneira permanente, ou seja, não a descarregam para fora, mas contra si mesmas. O típico exemplo é o nosso Dave, do filme já citado *Tratamento de Choque*, que em todas as ocasiões de relacionamento com outras pessoas, deixa-se pisar e engole a sua cólera constantemente, achando justificativas constantes para as agressões a fim de quem o maltrata.

A segunda categoria, da raiva implosiva temporária, é aquela a qual o indivíduo não consegue gerir a sua descarga de cólera no tempo devido e na ocasião pertinente, quer dizer, na situação em que nasce a cólera com a pessoa oportuna, em que temos um problema. O tempo conveniente varia: sugerimos não deixar passar mais que alguns dias depois da briga, pois as pessoas esquecem rapidamente, sobretudo se não manifestamos que tinha algo errado.

As pessoas que pertencem a essa categoria, por hábito, descarregam nos outros, naqueles em que estão próximos ou em quem mais confiam. Isso é o típico exemplo do funcionário frustrado que descarrega sua raiva em casa. Prejudicar as relações familiares é uma consequência indireta da raiva implosiva de modo temporário, que se descarrega sobre quem não sabe de nada, transformando a pessoa em um "bode expiatório", cuja única responsabilidade é a de estar no momento errado, com a pessoa errada, pedindo algo simples, que se torna o fusível que aciona a explosão.

Ambas as categorias, entretanto, têm em comum a implosão da raiva e a busca do alvo sobre o qual aliviar a energia acumulada. Mas por que não arriscam desengatilhar a raiva no momento exato e por que não apostam em tirar proveito dessa poderosa energia? Para compreender, analisemos um caso real.

Alberto, 27 anos, começou a trabalhar logo após formar-se, e já são três anos trabalhando em uma empresa de consultoria, com bons resultados. O seu chefe, um dos sócios da empresa, o trata muito mal, considera-o impróprio para cargo e mais de uma vez expressou sua perplexidade em público. A situação é realmente frustrante, e no momento das promoções, Alberto, mesmo tendo feito um ótimo trabalho, mesmo merecendo a promoção, não a obtém. A raiva sobe e Alberto começa a perder um pouco as estribeiras em casa com a mãe ou com os amigos; algum tempo depois, decide mudar de empresa e as coisas melhoram. Por que Alberto não respondeu às provocações? Por que não pontuou as dúvidas? Por que implodiu sua raiva? A resposta neste caso é simples. A hierarquia e a diferença de posições entre Alberto e o sócio eram grandes de tal forma que uma descarga de raiva teria produzido resultados provavelmente piores para Alberto.

Mas é verdade? Qual descarga de raiva teria produzido resultados negativos? No fundo, Alberto não foi promovido e então mudou de empresa, prejudicando nos dois casos a sua carreira.

6.6 Compreendendo a raiva implosiva

Se analisarmos friamente a situação, poderíamos sugerir a Alberto deixar claro ao sócio seu desconforto, de modo educado e respeitando a diferença hierárquica. Talvez pedir-lhe uma conversa a dois, em que o faria ver que estava realmente surpreso por não ter obtido a promoção. É claro que uma descarga de raiva em público com gritos e esbravejos prejudicaria Alberto, mas um desabafo racional a dois? É provável que teria aumentado a estima e o respeito que o sócio tinha por Alberto.

A conclusão é que um desabafo "codificado", ou seja, uma descarga nos limites das regras sociais, não piora a situação, apenas ajuda a clareá-la. Por que Alberto não o fez? Tentemos entender quais são as razões mais comuns.

O "efeito diga" é o medo de não ser mais capaz de se controlar uma vez que é iniciada a descarga. É um motivo dissimulado e inconsciente, de fato, o temor de não saber se controlar evita que libere a raiva pelo que for, e desse modo, evitamos transmitir a mensagem que está ligada à própria raiva.

O "efeito código" acontece quando não temos consciência/certeza do código social a utilizar para liberar a raiva. No caso do nosso amigo Alberto, um grito ou uma descarga em público não estariam no código certo e teriam provocado danos. O efeito código é responsável pelas interpretações da nossa raiva por parte dos outros. Para esclarecer, peguemos um exemplo. Suponhamos estar em uma fila no correio e ver alguém que passa desaforado à frente. Agora, imaginemos dois tipos de reação, no primeiro caso, dizemos gentilmente ao sujeito para ficar na fila atrás de nós. No segundo caso, começamos a gritar palavrões e diatribes contra o espertalhão que passou na frente, talvez de forma impensada. Qual seria a reação das outras pessoas da fila? É provável que no primeiro caso nos apoiem e peçam à pessoa para voltar na fila, pois entendem e compartilham nossa irritação. Nas suas cabeças, codificam nossa irritação como "justa", ou seja, socialmente correta. No segundo, nos julgam irascíveis, mal-educados e encontraremos certamente alguém que tomará a defesa do coitado do "esperto" que é tratado assim. Quer dizer, no segundo caso, julgam a nossa raiva imprópria, fora do regulamento social. Ambas eram expressões de raiva, a diferença está na codificação.

Já o "efeito relação" nos bloqueia, pois tememos arruinar de vez a relação entre nós e a outra pessoa, ou entre nós e pessoas que presenciam a nossa descarga de raiva. Quando está em jogo esse efeito, nossos pensamentos podem ser deste teor:

- Não é certo descarregar minha raiva naquela pessoa;
- Ficarei desacreditado se fizer esta cena;
- Não posso porque é meu superior e vou perder algo;
- Não posso porque é meu colega, vou ficar desacreditado na frente das outras pessoas.

Há também o "efeito medo". Neste caso, reagimos por medo da contrarreação da outra pessoa. É o efeito medo diante de uma pessoa muito agressiva fisicamente ou extremamente enraivecida. Sendo assim, fazemos uma escolha pertinente. Ele vale ainda para outros casos, como no escritório, onde não reagimos por medo de sermos despedidos ou punidos. O efeito medo, na realidade, não vive independente. Decerto, temos medo porque tememos a relação (chefe ou colegas), tememos a nossa reação (efeito diga) ou tememos ser mal interpretados (efeito código). Podemos dizer, por isso, que o efeito medo é uma derivação dos outros.

Eis abaixo uma tabela para tomar mais consciência sobre nosso viés. Na segunda linha, as perguntas que podem nos ajudar a entender mais sobre nosso comportamento.

Lista de situações em que a raiva foi implosiva Analise uma situação de raiva implosiva e descreva neste espaço.			
Efeitos	Perguntas norteadoras	Respostas	Cenários ideais para superar os vieses
Efeito diga	Como conseguir segurar o fluxo da raiva?		
Efeito código	Qual a comunicação verbal e não verbal apropriada?		
Efeito relação	Quais relações tenho com esta pessoa?		
Efeito medo	Qual dos três efeitos anteriores, sinto que influencia mais o meu medo?		

Tabela 14. Análise dos efeitos repressivos da raiva. Elaboração da autora.

Os efeitos mencionados são a generalização do comportamento implosivo da raiva. Ela nos ajuda a entender o mecanismo de funcionamento, mas dificilmente nos auxilia na resolução da nossa raiva implosiva. Para fazer isso, é necessário um pequeno esforço de compreensão da nossa raiva implosiva.

Eis um exercício para entender mais sobre implosão. As razões podem ser diversas nos diversos contextos sociais (escola, casa, trabalho, casal etc.).

O exercício é dividido em duas fases distintas no tempo.

Fase 1. Na coluna um, listar as situações recentes, ou importantes, nas quais sua raiva foi reprimida. Para cada uma dessas situações, escreva as respostas às seguintes perguntas:
Como teria gostado de exprimir minha raiva (de verdade)?
O que fiz?
Por que a considero implosiva?
O que me "coagiu" a não exprimir a minha raiva?
Qual foi o maior "freio"?
A pergunta norteadora sobre o efeito típico nos ajuda a investigar mais. A resposta pode ser imediata ou pode ser ponderada no decorrer dos dias.

Fase 2. Após alguns dias, ao ter escrito suas situações, rumine sobre as respostas, releia e procure classificá-las nas categorias descritas (efeito diga, efeito código, efeito relação e efeito medo). Para cada situação, talvez todos os quatro efeitos entrem em jogo, mas escolha aquele que é mais significativo para você. Procure entender se para você existe um efeito recorrente. Para os dias seguintes, releia a classificação dos episódios que você fez. Agora, está convencido de que a classificação é correta? Gostaria de mudar algo? O esquema pode ser alterado todos os dias até se sinta satisfeito.

Fase 3. Comece a trabalhar uma coluna por vez, uma ao dia ou tome dois ou três dias para cada coluna, não se apresse. Leia as situações que tiver classificado nas colunas; para cada uma delas, procure uma solução alternativa, ou seja, um cenário, uma forma de exprimir a sua raiva de modo coerente e eficiente. Imagine a situação e se imagine aplicando essa nova solução. Funciona? Precisa mudar? Elabore soluções diversas para exprimir de forma construtiva a sua raiva. E agora? Agora, teste ao vivo, não? Na próxima vez que quiser reprimir a sua raiva, pense em quais situações está e procure aplicar uma das soluções que idealizou.

6.7 O raivômetro

Este questionário supõe situações e fornece algumas indicações sobre o modo como gerimos a nossa raiva. É uma ferramenta de autopercepção, por isso, o resultado indicará o meio como percebemos os nossos comportamentos que não correspondem necessariamente à realidade ou à maneira como os outros nos veem. Refletir sobre as respostas e os resultados é, de qualquer forma, um ponto de partida para refletir sobre si mesmo; alguns acontecimentos são ambíguos, assim como na vida!

Responda de forma espontânea e sincera, escolhendo para cada pergunta a opção que melhor reflete um hipotético comportamento seu.

1. **No cinema, ouve sussurros atrás de você e um celular toca:**
   a. Bufa em silêncio.
   b. Volta-se para a pessoa e sorri de forma cúmplice.
   c. Volta-se para o chato e lhe diz poucas e boas.
   d. Convida-o em tom de reprovação a respeitar as regras de boa convivência social.

2. **Após uma descarga de raiva, você se sente:**
   a. Mais leve.
   b. Contente e vitorioso por ter afirmado suas ideias.
   c. Mais raivoso que antes.
   d. Culpado por ter ferido a sensibilidade de alguém.

3. **Durante uma discussão de trabalho, os ânimos de toda a equipe se exaltam por não se chegar a um acordo, alguém diz "Calma!", você:**
   a. Responde reafirmando suas posições com o mesmo tom e volume.
   b. Dá-se conta de ter exagerado: modera o tom e reduz o volume.
   c. Pede desculpa por ter levantado a voz.
   d. Ofende-se e responde que não está nem um pouco nervoso.

4. **Acredita em vingança para reparar injustiças?**
   a. Sim, para mostrar ao outro que cometeu um erro.
   b. Não, pois não resolve nada.
   c. Sim, faz bem.
   d. Até penso, mas não faço.

5. **No trabalho, seu colega o critica injustamente:**
   a. Você estoura: "como assim?"
   b. Não aceita, queria se defender, mas não o faz.
   c. Escuta e pondera.
   d. Devolve as críticas uma por uma.

6. **Ao participar de uma reunião em que não concorda com a maioria das decisões:**
   a. Diz o que sente no momento.
   b. Procura pontos em comum e fala também sobre o que não concorda.
   c. Fala bonito, mas só faz citações.
   d. Banca o "advogado do diabo".

7. **Seus superiores, com quem sempre teve boas relações, confiaram-lhe uma tarefa difícil, com prazo muito curto. Eles não querem negociar outro prazo. Você então:**
   a. Diz-lhes que não sabe o que fazer, e ponto final.
   b. Aceita ressaltando que há muito o que fazer e que necessita de mais tempo do que o previsto e de ajuda.
   c. Aceita, mas deliberadamente estende o tempo de realização do trabalho.
   d. Aceita sem reclamar; já está acostumado às horas extras de trabalho.

8. **Um amigo atrasa um bom tempo para um encontro e quando chega, não se desculpa e nem dá satisfação sobre o atraso:**
   a. Você se enraivece e o agride.
   b. Imagina que houve um problema, mas não pergunta.
   c. Não saem até que seja esclarecida a razão do atraso.
   d. Faz de conta que não liga.

9. **Quando se sente muito nervoso:**
   a. Respira fundo e tenta analisar o que se passa.
   b. Irrita-se com tudo, mas segura.
   c. Grita e bate em tudo o que estiver ao seu alcance.
   d. Desabafa criticando qualquer coisa e pessoa perto de você.

10. **No restaurante, você está esperando há mais de vinte minutos e se dá conta que estão servindo alguém que chegou depois de você:**
    a. Levanta-se e vai dizer ao garçom que o serviço é péssimo.
    b. Aceita passivamente.
    c. Pede para falar com o gerente do restaurante.
    d. Chama o garçom para fazer seu pedido.

11. **Precisa terminar um trabalho urgente em uma hora, mas não consegue avançar e está muito tenso:**
    a. Telefona e desabafa com alguém.
    b. Levanta e dá uma volta de dez minutos.
    c. Agita-se pensando que não vai cumprir o prazo, entrando no vórtice de pensamentos.
    d. Continua a trabalhar de forma nervosa e inconsistente.

12. **Você organizou uma festa de aniversário surpresa para uma pessoa querida. Todos os participantes estão comprometidos a dividir o valor do presente, comprado em nome de todos. Na noite da festa, porém, mais da metade deles traz um presente. Sobre o rateio, dizem que já estão com os presentes pagos, não vão gastar em outro. Como você reage?**
    a. Conforma-se, mostrando cara alegre em dia de jogo ruim.
    b. Enfurece-se. Esses passam agora a ser ex-amigos, não são confiáveis nem corretos. Passa a noite dizendo-lhes para não lhes dirigir mais a palavra.
    c. Não sabe o que dizer. Não reage e passa a noite pensando em como vai pagar toda a despesa.
    d. Aponta a incorreção das suas comparações e marca um encontro com todos.

13. **A sua raiva é...:**
    a. Como um fósforo, acende-se rápido, mas dura pouco.
    b. Como uma panela de pressão.
    c. Como rio de lava, desloca-se lentamente, mas destrói tudo.
    d. Como uma avalanche, de uma bolinha, desce toda a montanha.

14. **Depois de um expediente estressante, chega ao estacionamento e, fechando-lhe a saída, vê o carro de um colega que acabou de criticá-lo sarcasticamente por um descuido no trabalho que você apresentou:**
    a. Volta ao escritório e recorda as regras de bom convívio entre colegas.
    b. Sorri triste e pensa que é apenas um final de expediente.
    c. Fala mal dele com outro colega, que te encontrou por acaso.
    d. Aproveita a oportunidade para retornar e discutir.

15. **Está atravessando a rua e por pouco um carro não o atropelou, o motorista se desculpa. Você:**
    a. Aceita as desculpas do motorista, reconhece sua total distração e pede desculpas também.
    b. Reage esmurrando o capô do carro e agride o dono.
    c. Aceita as desculpas, mas logo que ele parte, julga-o de debiloide.
    d. Grita para prestar atenção para a próxima vez.

Gabarito:

Perguntas	A	B	C	D	Pontuação
1	P	G	E	N	
2	E	G	N	P	
3	E	G	P	N	
4	N	G	E	P	
5	E	P	G	N	
6	E	G	P	N	
7	E	G	N	P	
8	E	G	N	P	
9	G	P	E	N	
10	E	P	N	G	
11	E	G	P	N	
12	P	E	N	G	
13	G	P	N	E	
14	G	P	N	E	
15	P	E	N	G	
TOTAL DE LETRAS:					

Maioria P: Raiva implosiva

A raiva é uma das emoções básicas e por isso é impossível não a sentir. Evite convencer-se de que não se enraivece nunca, talvez seja mais correto dizer que dificilmente permite aos outros verem o quanto está enraivecido. Saiba que a sua raiva se acende no seu interior e se manifesta através do corpo de diversas formas: às vezes, não o deixa dormir, outras, ataca o estômago, em outras, ataca a cabeça. A raiva liberada na hora certa, com intensidade média, pode fazê-lo sentir-se melhor consigo mesmo e com os outros, ao contrário das explosões descontroladas. A sua interiorização da raiva o leva a pensar-se como vítima e isso é um convite para os outros agirem mal com você. Rompa esse círculo vicioso.

Maioria G: Raiva gerenciada

É bastante consciente da facilidade para enraivecer-se e irritar-se com os outros. Seu modo de lidar com a raiva é sadio e equilibrado. Sabe defender suas posições, mas sabe também reconhecer quando está perdendo as estribeiras. A consciência das próprias emoções é a ferramenta mais valiosa para um melhor controle. Todavia, não abuse desse instrumento, as coisas que o irritam são tantas e nem sempre tudo sai como queremos. Frequentemente, os outros não entendem suas atitudes e podem tomá-lo por inconveniente, fazendo com que se enraiveça... logo, mais trabalho a fazer! Normalmente, a raiva passa rápido. Certifique-se de que foi de vez; focos que permanecem acesos são um perigo e são difíceis de controlar.

Maioria E: Raiva explosiva

Se deseja realmente defender suas opiniões, deve antes aprender a escutar e respeitar as dos outros; caso contrário, o jogo não avança. Exteriorize totalmente a sua raiva, verbalize tudo, qualquer ocasião é boa para despejá-la. O paradoxo é que nem assim passa! Talvez seja hora de começar a perguntar-se por que se enraivece assim tão fácil. Aprenda a analisar as situações sob diferentes perspectivas e verá que às vezes realmente não vale a pena se aborrecer tanto.

Maioria N: Raiva normativa

O seu dom é peculiar, é a arte de dar broncas. O que mais o irrita é alguém não respeitar as regras, ou melhor, quando as coisas não saem de acordo com o que você diz. Seu instrumento para descarregar a raiva é a bronca e a crítica. Acha mesmo que sempre tem razão? A rigidez de pensamento o impede de encontrar explicação para as coisas e assim a raiva se intromete e ganha vantagem. A melhor sugestão é a de que você seja mais flexível em relação aos que o rodeiam.

Parte III

Recursos para administrar as emoções difíceis

• • • • •

"Quem semeia um pensamento colhe uma ação; quem semeia uma ação colhe um hábito; quem semeia um hábito colhe um caráter; quem semeia um caráter colhe um destino."

Swami Sivananda

• • • • •

Capítulo 7

A raiva: como encará-la

7.1 Raivômetro pessoal (emoções, eventos, reações)

O raivômetro é uma ferramenta para refletir sobre as potenciais e reais causas da cólera na nossa vida e para, de novo, tomar consciência. Todo esse percurso de conscientização ajuda a prevenir reações hipertensionadas. Quais eventos nos deixam indiferentes, quais nos tensionam e quais nos deixam na fúria da raiva? Reflita também sobre a intensidade da emoção, quais nuances? Nem todo episódio nos deixa enlouquecidos. Agora é a sua vez de preencher o raivômetro com suas situações reais e os estados emocionais e as reações. Nesta semana, quais três situações foram as mais difíceis de gerenciar?

Situações mais difíceis de gerenciar do ponto de vista emocional (cólera)	Intensidade da emoção (entre 1 e 10) neste episódio?	Descrição da emoção (sensação, nuance da emoção, pensamento)	Descrição do comportamento natural, sem filtros
Ex.: Quando o computador pifa.	10!	No começo, é irritação, mas se o computador não desbloquear, a raiva cresce até chegar à fúria.	Quero literalmente jogar o computador no chão (mas não vou fazer isso... então minha energia vai implodir).

Tabela 15. O raivômetro, ferramenta para antecipar situações desagradáveis.

Na coluna 2, para cada situação, descreva sua emoção (talvez possa falar a partir de uma imagem inspirada na meteorologia: furacão, gelo, vulcão). Tente descrever seu estado emocional. Na coluna 3, descreva qual foi sua reação, sem filtros, mesmo que imaginária. Pondere sobre seu comportamento natural e as consequências que gerou. No próximo exercício, trabalharemos com o pensamento consequencial.

7.2 Modelos SPE2C e SPEPAC

Quando nos encontramos em uma situação que nos faz enraivecer, é comum culpar a situação ou outras pessoas pelo que sentimos. O conceito que desejamos difundir é que todos nós sentimos raiva, mas as causas que a provocam são diferentes para cada um de nós. Ademais, a manifestação da ira é diferente de uma pessoa para outra, pois o mesmo evento pode provocar reações diferentes conforme o contexto em que se manifesta. Por exemplo, ficar só de cueca em casa, à frente dos amigos, porque arrebentou o elástico das calças, vai provocar hilaridade, mas se isso acontece no zoom durante uma reunião importante, talvez as emoções sejam diferentes!

O modelo seguinte é a transposição do raivômetro de forma mais estruturada, com a descrição da situação (S), dos pensamentos (P), das emoções (E), do comportamento automático e suas consequências (2C).

S (Descreva situações que o enraivecer)	P (Descreva seus pensamentos)	E (Descreva como se sentiu)	2C (Descreva seus comportamentos e as consequências)
Exemplo: Em uma reunião de trabalho, um cliente trata meus colaboradores como idiotas.	Cuidado com quem acredita ser... sempre se afundam.	Sinto-me ofendido pessoalmente por não ser verdade e por serem os colaboradores escolhidos por mim.	Disse que o idiota era ele e então perdi o cliente.

Tabela 16. Modelo SPE2C.

Utilize o modelo SPE2C para escrever um exemplo pessoal e, em seguida, faça o modelo SPEPAC, para sublinhar as diferenças.

S	P	E	2C

Tabela 17. O modelo SPE2C para treinar.

Para não reprimir nossos instintos, já que se acumulam e explodem, é importante que manifestemos nosso desconforto e que exprimamos nossas necessidades e anseios. **Como se expressar sem se tornar agressivo?** Quais perguntas poderiam nos ajudar a baixar a intensidade da raiva? Quais elementos poderiam nos deixar um espaço mais amplo entre a ativação e reação? Ou ainda transformar uma reação em uma ação ponderada?

O modelo SPEPAC! Esse modelo se modifica em SPEPAC se acrescentamos um P depois do E (emoções) e o A (ações realizadas). O P se refere a "pontos de vista alternativos": tentar entrar em empatia com a contraparte, imaginar uma razão plausível para que a situação tenha acontecido faz com que tenhamos uma interrupção consciente do pensamento automático. Possíveis pensamentos poderiam ter brotado com a letra P: talvez um de meus colaboradores tenha cometido uma tolice. Quem será? Qual interesse? Recebo relatório detalhado sobre o cliente e nos comunicamos bastante com a equipe... o que pode ter acontecido? Podemos até errar tudo, é normal, mas por que o cliente está usando termos tão ofensivos? Ou na fase de empatia: como se sente este cliente? Como eu me sentiria no lugar dele?

Vamos ver como o modelo SPE2C muda para o SPEPAC:

- E (como você se sente): "Sinto-me ofendido", falou-me com tom arrogante.
- P (apresenta ponto de vista alternativo, talvez adequado ao do sujeito que berra com o consultor): "Acredito que a irritação do cliente se deva a outra situação, provavelmente nunca fez um curso de consciência ou de gestão de emoções, e então confunde os erros cometidos com quem os cometeu e tacha a pessoa de incompetente"; ou ainda: "Provavelmente, há pouco levou uma "ferrada" e vem descontar em mim", "Talvez esteja só ladrando muito e no fim não morde", "Está querendo o trabalho perfeito" ou "Adora achar que é O cliente".
- Ações (A): fiquei calmo, pedi-lhe claramente que não generalizasse e me explicasse em detalhe. Pedi-lhe que pensasse no trabalho realizado pela minha equipe e em quantas vezes houve algum problema e em quantos momentos tivemos sucesso. Mostrei-lhe que concordava com ele no conteúdo, mas não na forma tão indelicada.

E as consequências (C)? Podemos imaginar que o cliente expulsou o consultor? Que lhe bateu a porta na cara? Ou melhor, que repensou sobre o que ocorria e reavaliou a situação, quem sabe pedindo desculpas ou formulando uma frase de perdão?

Se as emoções não são verbalizadas, elas explodem, vão ao ataque, e então se estancam e tomam a direção que gostaríamos de lhes dar.

Uma semelhança pode ajudar a entender melhor o que significa gerenciar as emoções: o mito do cocheiro de Platão. Ao não sabermos conduzir os cavalos, eles galopam, param ou andam a trote sem ter em conta a vontade de quem guia, porém se o condutor sabe como os controlar, eles seguirão as suas indicações. Quem anda a cavalo sabe o quanto agrada guiá-lo, enfrentando ao mesmo tempo obstáculos, mas também o quanto pode ser assustador estar à mercê de um animal irrequieto. E estes são como uma bomba-relógio: não sabemos bem o que os agitará e como reagirão: derrubando a sela ou disparando em uma corrida louca? As emoções são como os cavalos enlouquecidos se não formos capazes de controlá-las.

Os formatos propostos servem para nos dar confiança com o "desempacotamento" da raiva e entender as raízes ou, mais superficialmente, os motivos que nos fazem enraivecer, de modo a romper o mecanismo do automatismo e instaurar uma ação reflexiva. O comportamento automático pode ser modificado. A fim de que a raiva dispare somente se necessário e o que precisar, devemos ampliar ao máximo o nosso ponto de vista inicial e não tirar conclusões precipitadas.

S	
P	
E	
P	
A	
C	

Tabela 18. Modelo SPEPAC para treinar.

O ponto de vista alternativo, as ações e as consequências aumentam o tempo de reação para mais do que seis segundos e também reduzem a reação. Aliás, em vez de reagir, podemos agir, refletindo melhor sobre como responder a nossa solicitação emocional. Ações e consequências mais ponderadas são menos catastróficas. As consequências devem ser analisadas ainda mais se temos crises de raiva agressiva.

7.3 Puxando o pensamento consequencial

As emoções e os sentimentos fornecem uma orientação às ações; as emoções proporcionam energia e base reais para quase todas as decisões. Vimos que quem sofre de alexitimia não sabe tomar decisões, já que não vivencia emoções, qualquer decisão é igual. No lugar de desligar as nossas emoções, temos necessidade de tempo para avaliar o cenário definitivo a que nos levam nossas ações.

Isso é particularmente verdadeiro quando enfrentamos crises ou conflitos. Precisamos retardar o processo, avaliar as consequências sob todos os pontos de vista, de modo a tomar decisões mente-coração coerentes. O pensamento consequencial se desenvolve com treinamento, como qualquer outra habilidade.

Um exemplo disso é o jogo de xadrez. Os jogadores, um de frente para o outro, imaginam continuamente as possíveis consequências de cada jogada, mentalizam e, depois à base dos prós e contras, finalmente prosseguem.

A prova de que se pode treinar o pensamento consequencial está no fato de que quanto mais se joga, mais nos tornamos competentes em *adivinhar* o que se sucederá. O pensamento consequencial aprendido no xadrez[106] pode ser aplicado em outras áreas. Aprender a mentalizar cenários possíveis e diferentes é uma capacidade valiosa em qualquer âmbito da vida.

Um importante elemento, necessário para desenvolver o pensamento consequencial é o diálogo interno lúcido, uma técnica usada para explorar mentalmente opções e pontos de vista múltiplos, pois fornece um sistema para equilibrar os vários aspectos dos pensamentos e dos sentimentos.

Exatamente como nas conversas com pessoas reais, a competência da escuta e da comunicação verbal e não verbal são importantes. Escutar as mensagens enviadas de seus pensamentos e sentimentos ajuda a refletir a fundo e a antecipar as consequências.

A seguir, estão relacionadas algumas perguntas como exemplo:

1. O que pode ocorrer imediatamente após a minha ação?
2. E após cinco minutos? E após dez?
3. Quais são as reações dos outros?
4. O que pretendo obter fazendo isto?
5. O que conseguirei de verdade?
6. Amanhã, ao pensar em minhas ações, estarei satisfeito?
7. Como consideraria esta situação se fosse um terceiro observando tudo?
8. O que gostaria que acontecesse nesta situação?
9. O que me levou a pensar que a minha ação levaria ao resultado desejado?
10. O que estava sentindo?
11. Tentei esclarecer minha posição nesta situação?
12. Tentei conscientizar a outra pessoa?
13. O que custou? E a mim, à outra pessoa e aos outros (parentes, amigos, familiares, observadores)?
14. Uma violência ou agressão passada sofrida por você está relacionada com aquela atual?
15. Se pudesse, o que faria diferente, para utilizar a sua energia?

Isso nos ajuda a conhecer percursos emocionais e neurais habituais e a começar um processo de mudança, acolhendo a emoção e dirigindo a carruagem de Platão!

7.4 Os quadrantes da consciência

Para gerir os conflitos, desenvolvemos competências para avaliar, negociar e criar compromissos. Para socializar eficientemente, é necessário reconhecer e analisar o pensamento, os sentimentos, o tom, as expressões do rosto e a linguagem corporal da outra pessoa, assim como os nossos sentimentos e ações. Essas competências dependem muito da interpretação das várias formas de comunicação não verbal.

Por meio da prática, melhoramos a capacidade de transformar os conflitos em força positiva. Aquela ignorância socrática, do começo deste livro, agora deveria estar mais consciente e também mais aprimorada pela quantidade de exercícios e reflexões. Então, vamos lá. Com sinceridade, observemos abaixo a tabela com quatro quadrantes, compilados com as ações que colocamos em prática.

Concordância	Concordo Não aplico	**Concordo** **Aplico**
	Não concordo **Não aplico**	Não concordo Aplico
	Aplicação	

Tabela 19. Quadrantes da consciência.

Os quadrantes destacados em negrito são os chamados quadrantes da coerência, isto é, referem a coisas de que não gostaríamos de fazer e não fazemos, ou a coisa de que gostaríamos de fazer e fazemos. Porém vale a pena repensar também sobre os outros quadrantes: o que não aplico, mesmo concordando?

Busque salientar aquilo que escrevemos nesses dois quadrantes, carregue-o consigo e a cada vez que se perceber enraivecendo ou se encontrar em uma situação conflituosa, pense nesses dois quadrantes. Quando estiver calmo e relaxado, liste para cada uma das coisas escritas nos dois quadrantes da incoerência qual é a sua estratégia para enfrentá-las.

Se tiver partido de uma situação específica, tente refazer o exercício mudando de situação. Busque acontecimentos que o coloque em contextos diversos, como relações com pessoas que amamos, o trabalho ou a escola. Procure observar se nos quadrantes da incoerência existem comportamentos que se repetem nas diversas situações. Caso assim seja, tente, inicialmente, focalizar exatamente nestes para depois passar àqueles comportamentos que se mostram apenas em algumas situações.

7.5 Ancoragem verbal ou não verbal

"Gusfraba" é a palavra que o doutor Rydell do filme *Tratamento de Choque* usa com os participantes da sua sessão, a fim de que sua raiva se abrande e as pessoas possam ver-se de fora e suspender o automatismo que os leva a enraivecer. Como explica o doutor Rydell, o som da palavra lembra uma em que a mãe lapona diz aos próprios filhos quando estes se aborrecem: um pouco como o nosso "Vai dar certo".

Mesmo não compreendendo a palavra "gusfraba", o som se relaciona à consciência, à dissociação do evento que, naquele momento, estamos arrastando ao precipício sem retorno da cólera. Durante o filme, conforme percebem um evento que os enerva, os protagonistas repetem "gusfraba" por algumas vezes e esmorecem... Trata-se de um ancoradouro linguístico poderoso: uma palavra ou frase que cada um pode pronunciar quando sentir que está perdendo o controle.

Expedientes desse tipo servem para suspender os automatismos comportamentais, criando um desvio ao longo da rodovia neural que naturalmente percorremos. É como se durante uma viagem paramos em uma pracinha para esticar as pernas e refrescar as ideias.

O que nos impele a parar? Sinais visíveis como a placa da pracinha, que nos propõe comida e toalete. Sinais verbais, pronunciados por quem acompanha e que convida a encostar, ou sinais fisiológicos internos que lembram que devemos satisfazer nossas necessidades biológicas. Cada um desses expedientes produz o efeito de frear a nossa corrida na rodovia.

"Gusfraba" pertence à categoria dos sinais verbais. Mas por que consegue acalmar os protagonistas do filme? Essa palavra é uma âncora que leva nossa emotividade a um momento de calma e tranquilidade, a um momento no qual o doutor Rydell explica racionalmente para que serve gusfraba, e ao fato de que lembramos que essa palavra se inspira na mãe lapona, a mãe que quer acalmar os seus filhos. Desse modo, conduz a um momento de bem-estar emocional. A ligação reiterada ao bem-estar e à circunstância de que frear a ação da raiva não há consequências negativas do comportamento faz com que os personagens do filme, nos instantes mais difíceis, se gerenciem emocionalmente, autopronunciando gusfraba várias vezes até se acalmarem.

Durante os nossos cursos, costumamos frear a dinâmica emocional dizendo em voz alta "Congela!". *Magicamente*, os participantes param para entender o que acontece. Com "Congela", todos param: um momento de imobilidade e de suspensão de toda ação verbal ou física. Nessa altura, falo "Visão helicóptero" para sugerir a tomada de uma certa distância dos acontecimentos e poder refletir de longe! Assim, podemos destacar o que estava ocorrendo para observar a cena com um novo olhar. Dessa forma, levamos as pessoas a compreender o comportamento que estavam atuando e a dinâmica emocional e a discutir sobre o porquê e se dinâmica é uma coisa inata ou desenvolvida.

O expediente do "congela" e da "visão helicóptero" põe distância na situação e assim podemos decidir com consciência como agir em seguida. O "congela e visão helicóptero", como o "gusfraba", são os pretextos para "arrancar o ferrão", cada um de nós pode ancorar-se a um termo/frase que tenha o poder de desacelerar a situação.

Estratagemas desse tipo são também visuais, por exemplo, pequenos adesivos circulares, de cor única, para colocar no computador, no carro, na sala de visitas ou no banheiro. Esse discreto adesivo que passa despercebido para olhos inexperientes é um valiosíssimo ancoradouro visual. Portanto, a cada vez que o olhar cair sobre a bolinha colorida, pensamos na situação agradável, no quanto aprendemos e experimentamos durante o curso e o nosso automatismo se detém. O ancoradouro pode ser até uma foto especialmente agradável, para olhar nos momentos críticos em que sentimos que a paciência está fugindo e deixando espaço para a raiva. Podemos também treinar com a ajuda do nosso celular colocando um despertador que toca durante o dia, de forma aleatória, para nos lembrar de prestar atenção, por exemplo, no nosso atual SEP (sensação, emoção e pensamento). Assim, nós nos familiarizamos com nossa consciência interior mais frequente e facilmente.

Capítulo 8

Recursos para se cuidar

8.1 Recursos para cuidar de nossas emoções

Para enfrentar a correria do cotidiano, precisamos ter os recursos necessários, ou seja, qualquer estratégia, técnica ou atividade que uma pessoa utilize para reduzir ou aliviar os efeitos negativos do estresse e de emoções difíceis em sua vida.

Portanto, com a palavra "recursos", entendemos como os meios pelos quais uma pessoa pode buscar equilíbrio emocional, reduzir a tensão e lidar de maneira mais saudável com as pressões do cotidiano[107]. Eles podem ser variados e diferem de pessoa para pessoa, pois cada indivíduo tem suas próprias preferências e necessidades[108]. Os recursos podem também se tornar uma prática de equipe, para que o clima saudável de comunicação e escuta continue agradável. Vamos elencar aqui as estratégias que podem ser perseguidas de forma individual:

1. **Práticas de relaxamento:** meditação, ioga, técnicas de respiração profunda e relaxamento progressivo para acalmar a mente e o corpo.
2. **Atividade física:** exercícios regulares, como caminhada, corrida, natação ou dança, para liberar endorfinas.
3. **Hobbies e atividades criativas:** engajar-se em atividades que tragam prazer e satisfação pessoal, como pintura, música, jardinagem ou cozinhar.

4. **Apoio social:** conversar com amigos, familiares ou participar de grupos de apoio para compartilhar preocupações e emoções. Fazer parte de grupos religiosos ou espirituais.
5. **Tempo para si mesmo:** reservar momentos para relaxar e se desconectar das demandas cotidianas, como passar tempo com seu pet.
6. **Rir e se divertir:** assistir a um filme engraçado, ler uma história engraçada ou passar tempo com pessoas que trazem alegria, praticar a risada consciente.
7. **Ter uma higiene de vida:** alimentação saudável e variável, com bastante fruta e legumes, evitando comidas industrializadas e processadas, dormir o tempo necessário ao descanso do seu organismo, em um ambiente ventilado e silencioso (pelo menos 7 horas por noite);
8. **Estabelecer limites:** aprender a dizer "não" quando necessário para evitar sobrecarga de tarefas e responsabilidades.
9. **Terapia ou aconselhamento:** buscar ajuda profissional para lidar com questões emocionais mais complexas ou persistentes. Procurar conselho de um especialista não é sinal de fraqueza se tiver coragem para reconhecer que nem sempre podemos fazer tudo sozinhos.

No filme *Tratamento de Choque*, o protagonista vivido por Adam Sandler aparece sendo seguido por seu *personal trainer* para controlar a raiva, até mesmo no trabalho. Sandler, no início, se envergonha e não quer revelar ao chefe e aos colegas o que está acontecendo. Então, o impertinente doutor Rydell, interpretado por Jack Nicholson, veste com perfeição a pele de guru da raiva e diz em voz alta: "A raiva é como o diabetes... se tivesse diabetes, se envergonharia de curar-se ou de tomar providências?"

Lembrando que o que funciona para uma pessoa pode não funcionar para outra, é importante experimentar diferentes recursos para alimentar nosso bem-estar e identificar quais são os mais eficazes e prazerosos para cada indivíduo. O autocuidado e a atenção à saúde mental são fundamentais para manter um equilíbrio saudável na vida diante dos desafios cotidianos. Para obter resultados duradouros, é importante:

- Seguir os exercícios sugeridos metodicamente e com disciplina;
- Considerar os problemas como desafios construtivos e instrutivos;
- Procurar soluções possíveis e criativas;
- Dar-se o justo descanso/tomar um tempo para si;
- Cercar-se de pessoas otimistas com quem praticamos os exercícios para gerir a raiva;
- Pedir apoio antes de chegar ao limite.

Em seguida, vamos explicar em forma de antologia mais sobre algumas práticas.

8.2 A respiração consciente

Entre os conselhos universais de combate ao estresse, a respiração correta reveste uma importância capital. A maioria das pessoas respira mal, de forma incompleta e superficial. Você sabe o quanto respirar? Pegue um cronômetro e durante um minuto conte quantos atos respiratórios são completados dentro do prazo estabelecido. Utilizamos ¼ dos pulmões: nota-se que uma pessoa muito nervosa prática de 35 a 40 atos respiratórios por minuto, ao passo que uma pessoa calma, cerca de 15; quem é calmo chega a respirar até 1.000ml de ar por minuto, enquanto quem é estressado, por isso respirando pouco, apenas 150 a 170ml. Os dados da tabela abaixo nos fazem perceber que existe bastante diferença entre quem respira de forma ampla e completa e quem não.

	Muito nervoso	Nervoso	Normal	Calmo
Número de respirações por minuto	35–40	20–28	12–18	6–8
Volume de ar inspirado a cada respiração (ml ca)	150–170	300–215	500–330	750–1.000
Ar preso expulso por minuto (ml ca)	100	2.400	4.200	5.100
Ar preso guardado p/ minuto (ml ca)	5.900	3.600	1.800	900

Tabela 20. Relação entre calma e respiração (Pequeno livro da calma de Paul Wilson).

A relação entre a respiração e a calma é profunda e multifacetada[109], por exemplo:

- Respirar profundamente e lentamente pode ativar a resposta de relaxamento do corpo, que é o oposto da resposta de "lutar ou fugir", que é ativada pelo estresse. Isso ajuda a reduzir a produção de hormônios do estresse, como o cortisol, e aumenta a sensação de calma e relaxamento.
- Uma respiração profunda e controlada aumenta a quantidade de oxigênio que chega ao cérebro. Isso pode ajudar a melhorar a clareza mental, o foco e a redução da sensação de ansiedade.
- Focar a respiração aumenta a consciência do momento presente, reduzindo a ruminação ou a preocupação com o passado ou o futuro. Essa é uma das razões pelas quais a respiração é frequentemente usada como ponto focal em práticas de presença consciente.

- A respiração profunda e ritmada pode ajudar a equilibrar o sistema nervoso autônomo, que controla funções involuntárias como a frequência cardíaca, a digestão e a dilatação das pupilas. Em particular, pode estimular o ramo parassimpático, que é responsável por atividades que ocorrem quando o corpo está em repouso, promovendo assim a sensação de calma.
- Respirar profundamente ajuda a liberar a tensão no diafragma e em outros músculos do corpo. Isso pode reduzir a sensação de tensão física, que muitas vezes acompanha o estresse emocional.
- Quando as pessoas se sentem sobrecarregadas, concentrar-se na respiração se torna uma forma de se "aterrar". Isso pode ser especialmente útil em situações nas quais alguém está se sentindo desorientado ou confuso.

A respiração completa envolve o uso das três partes dos pulmões, incluindo a parte baixa (diafragma), a média e a alta. É também conhecida como "respiração diafragmática" ou "respiração abdominal". Esse tipo de respiração é considerado mais eficiente, pois permite uma troca mais completa de oxigênio e dióxido de carbono, além de ajudar a reduzir o estresse e a ansiedade.

Aqui está um guia passo a passo para a respiração completa:

1. Encontre uma posição confortável, sentado ou deitado, com as costas retas e os ombros relaxados.
2. Coloque uma mão no abdômen, logo abaixo das costelas, e a outra sobre o peito.
3. Inspiração: comece a inspirar lentamente pelo nariz. À medida que você respira, tente sentir o ar enchendo primeiro a parte baixa dos pulmões, fazendo com que o abdômen se expanda. Ao fazer isso, a mão que está no abdômen deve se elevar, enquanto a mão sobre o peito permanece relativamente estável.

4. Expansão da parte média dos pulmões: continue inspirando, permitindo que o ar encha a parte média dos pulmões. Você pode imaginar a expansão das costelas durante esse processo.
5. Expansão da parte alta dos pulmões: agora, complete a inspiração permitindo que o ar encha a parte alta dos pulmões, sentindo o peito se expandir levemente, talvez elevando (ou imaginando elevar) um pouco os ombros em direção às orelhas.
6. Presença consciente: faça uma pequena pausa no topo da inspiração, mantendo o ar nos pulmões por um breve momento.
7. Expiração: comece a expirar lentamente pelo nariz ou boca, de forma controlada. Conforme você solta o ar, sinta o abdômen afundando primeiro, seguido da parte média e, por fim, a parte alta dos pulmões.
8. Presença consciente após a expiração: faça outra pausa breve, mantendo os pulmões vazios antes de iniciar a próxima inspiração.

Repita esse processo várias vezes, imaginando ser como um balão que se enche e se esvazia, mantendo um ritmo calmo e relaxado. A respiração completa pode ser praticada diariamente e é especialmente útil em momentos de estresse, ansiedade ou quando você deseja relaxar.

Com o passar do tempo, como qualquer habilidade, a prática regular vai se aprimorando e a técnica de respiração se tornará mais natural. Além disso, consulte um profissional de saúde se tiver alguma preocupação com sua respiração ou se estiver enfrentando problemas respiratórios crônicos.

8.3 A contração voluntária

A contração voluntária é eficiente e rápida para praticar quando temos pouco tempo e sentimos que o corpo está entorpecido. A contração voluntária de todos os músculos do corpo, conhecida também como técnica Jacobson, é repetida para potencializar o efeito. Essa prática pode ser feita em um local isolado, podendo ser um escritório ou até toalete.

Ficando de pé (melhor sem sapatos), sinta a planta dos pés tocando o chão, bem firme e fixos, então com uma inspiração forte, contraia rapidamente todo o corpo: enrijeça os pés, as pernas e glúteos, aperte os punhos, contraia a barriga, estique os músculos do pescoço e faça uma careta contraindo os músculos do rosto. Depois, expire pela boca, vigorosamente, na verdade, se quiser, bufe. Repita o exercício se ainda sentir qualquer tensão física, dessa vez, contraindo voluntariamente um maior número de partes do corpo, incluindo os ombros (elevando em direção às orelhas), os bíceps, e "escute" o corpo, agora mais relaxado. Após isso, sorria conscientemente, lá dentro de si, de modo a expandir o sorriso até lá fora. Pouco a pouco, você se torna hábil na condução da contração voluntária, passando a identificar diversos grupos musculares antes desconhecidos, como contrair em duas fases o braço e antebraço ou os dedos da mão e o pulso.

8.4 A autossugestão para imagens

A escola da autossugestão desenvolveu-se graças a Émile Coué, um médico francês que, no século XX, descobriu a eficácia da autossugestão, aplicada em si próprio e em pacientes. O que fascinava o doutor Coué era ver se a mente poderia agir sobre o sistema imunológico e auxiliar os pacientes a restabelecerem-se, enfim, a melhorarem. Após uma série de experimentos, descobriu que as expressões para autossugestionar-se podiam ser as mais genéricas possíveis, já que a inteligência da mente, como dizia, fazia o resto.

Uma frase sua ficou famosa: "A cada dia, de qualquer ponto de vista, vou cada vez melhor." Coué dizia que a repetia pelo menos três vezes em voz alta, à noite, pouco antes de dormir e que as melhorias já se verificavam em algumas semanas. Outras frases que podem contribuir para a autossugestão:

- Sou uma pessoa alegre e radiante;
- Vivo com a alegria de viver;
- Sou uma pessoa corajosa e decidida;
- Tenho as condições de resolver os meus problemas;
- Tenho boa saúde;
- Tenho o poder de enfrentar adversidades;
- Posso crescer e prosperar mais;
- Sou uma pessoa otimista e positiva;
- Tudo o que acontece é uma oportunidade de crescer.

Podemos também desfrutar do experimento de Lennart Levi (apresentado no Capítulo 3, item 3.11) ao assistir a um filme engraçado ou pegadinhas divertidas para gargalhar. Rir tem um valor terapêutico reconhecido[110].

8.5 Praticar atividades físicas

Os benefícios físicos da atividade física, como melhorar a saúde e combater enfermidades, são reconhecidos há tempos, e os especialistas sempre recomendam manter um estilo de vida ativo[111]. Ademais, praticar exercícios é essencial para a saúde mental, contribuindo na redução do estresse. Pesquisas indicam sua eficácia em diminuir o cansaço, potencializar a atenção e o foco e melhorar a cognição de forma geral[112].

Isso se torna particularmente relevante quando nos sentimos esgotados ou com dificuldades de concentração devido ao estresse[113]. Praticar exercícios aeróbicos por pelo menos vinte minutos faz com que seja liberada pelo nosso cérebro uma substância química chamada endorfina, que reduz a depressão e o estresse. Mesmo exercícios não aeróbicos, como ioga, podem acalmar, porque induzem ao estado mental da meditação, pela respiração profunda. Bastantes estudos científicos comprovam que praticar ioga[114] é uma forma benéfica de reduzir estresse e ansiedade[115].

No livro *Yoga Sutras*[116], em um dos primeiros textos que fala sobre ioga, encontra-se a seguinte frase: *yoga chitta vritti nirodha*, ou seja, a declaração que a ioga vai parar a atividade automática mental, para evitar que nos identifiquemos com a agitação. Qual melhor declaração para nos libertar da ansiedade? Sendo uma disciplina com mais de 5 mil anos de existência, poderíamos dar o crédito da afirmação e tentar algumas semanas de prática[117]. Os benefícios são evidentes, ainda mais que existem tipologias de ioga que vão do mais atlético até o mais lento e leve.

8.6 Relaxamento orientado

Para este exercício, escolha um lugar tranquilo. O ideal é que alguém o acompanhe no relaxamento lendo o esquema a seguir ou que você registre seu próprio relaxamento e depois o escute. Leve em consideração que a voz da pessoa deve ser terna e agradável, lendo lentamente as descrições das partes do corpo a relaxar.

Este exercício descansa o corpo diante do estresse físico, mas é também um ótimo calmante das emoções e da mente, pois induz os nossos pensamentos a uma atmosfera agradável, estimula os cinco sentidos, ativa diversas áreas do neocórtex, dando à pessoa maior eficiência mental.

••••••••

Sente ou deite de costas no chão, de olhos fechados e atenção mental voltada para a mão esquerda, para os dedos da mão esquerda – polegar, indicador, médio, anelar, mindinho; atenção à palma da mão, relaxe o dorso, pulso, antebraço, braço. Atenção ao ombro, relaxe.
Agora, o outro lado: atenção a sua mão direita, aos dedos da mão direita – polegar, indicador, médio, anelar, mindinho; atenção à palma da mão, relaxe o dorso, pulso, antebraço, braço. Atenção ao ombro direito, relaxe.

Agora, preste atenção a sua perna esquerda: aos dedos dos pés, à planta, ao dorso do pé, ao tornozelo, à panturrilha, joelho, coxa e quadril.
Agora, atenção à sua perna direita: aos dedos dos pés, à planta, ao dorso do pé, ao tornozelo, à panturrilha, joelho, coxa e quadril.
Agora, ao tronco, partindo do púbis, abdômen, relaxe; peito, ombros e omoplatas, todo o dorso, a coluna vertebral toda. Agora, tudo relaxado; volte sua atenção para o pescoço, garganta, nuca, rosto, bochechas, boca, língua, olhos, testa e couro cabeludo. Relaxe todo o corpo. Imagine estar em um belo lugar, o que preferir, uma paisagem tranquila, de colorido intenso, um ambiente agradável e pacificador. Observe ao redor. Imagine ouvir uma música agradável, sentir a brisa do vento, o calor do sol; agora, imagine tocar uma água fresca. Sinta o perfume do ar, imagine saborear um alimento de que goste muito. Agora, deixe os pensamentos passarem pela sua mente sem dar atenção especial a nenhum...

A essa altura, esteja em silêncio durante alguns minutos[118]. Depois, volte-se ao estado de relaxamento, com as seguintes palavras:

Agora, volte a atenção para o seu corpo, sinta o peso do corpo apoiado no chão (ou poltrona), retome contato com os sons ao redor, com o barulho mais distante e o mais próximo, retome contato com a respiração, sinta o ar que entra e sai pelo nariz; agora, comece a mover pouco a pouco os dedos da mão, está retornando à realidade, aqui e agora. Está voltando ao lugar de onde partimos antes do relaxamento. Reabra os olhos e, após uma boa respirada, estará pronto para levantar e retomar suas atividades.

8.7 Diálogo interno construtivo

Quando não se pode controlar ou influenciar uma situação, devemos dizer a nós mesmos que nos preparemos para aceitar adequadamente a situação, com o mínimo possível de danos para nós.

Pensemos, porém, em quantas vezes ficamos estressados por situações hipotéticas, só por termos começado a pensar "se acontecesse". De todas as coisas que o preocuparam no ano passado, quantas eram verdadeiras? Muitos se preocupam com coisas que jamais aconteceram, com um excesso de dramatização ("Isto vai arruinar o meu futuro?") ou aumentando as reações alheias ("Eles detestam toda vez que faço isto"). No momento em que as preocupações e os medos causam muito estresse, devemos interromper o filme mental dos nossos pensamentos, fazendo perguntas sensatas e práticas:

- Nunca isso aconteceu antes? O que posso aprender desta experiência?
- Qual o pior resultado possível que poderia acontecer? (Seja verdadeiro.)
- Pode acontecer a outras pessoas?
- Que conselho daria a um amigo na mesma situação?
- Daqui a cinco anos, vou lembrar deste fato?
- Este fato pode alterar o curso da minha história?

Para nos acalmarmos, podemos até inventar uma expressão-chave, a fim de repeti-la quando virmos que nossos pensamentos e preocupações estão nos vencendo. Abaixo há alguns exemplos. Escolha ou invente uma, como "segredo estratégico", para usar em situações difíceis ou em momentos de mal-estar.

- Um dia vou rir disso;
- É uma experiência para aprender;
- As coisas poderiam ser piores;
- Vou me recuperar disso;
- Toda rosa tem espinhos;
- Isso não significa o fim do mundo;
- Já vi coisa pior antes;
- Posso planejar o gerenciamento disso;
- Sempre existem soluções e escolhas possíveis;
- Faço melhor sempre que converso comigo mesmo;

- Vou dar uma volta para mudar de cenário.

É importante entender como os nossos diálogos internos formam os nossos pensamentos e as nossas ações. Estamos nas competências emocionais *tout court*! Tentemos experimentar o diálogo interno, associado a questões que achemos particularmente problemáticas ou desconfortáveis. Ao começarmos a usar essa competência para "escutar" e entender nossas emoções, estaremos aptos a "conectar" a energia que nossas emoções fornecem e gerenciá-las melhor.

8.8 A pausa para desacelerar a reação emocional

A raiva é um processo de escalada, no auge do qual o alto nível de despertar dela desemboca em agressão física ou verbal, como ao golpearmos alguém com força (pelo menos mentalmente) ou ao ofendê-lo verbalmente. E caso isso não tenha ocorrido, recordamos os pensamentos violentos que lançamos alguma vez, os quais se fossem praticados, teriam deixado um olho roxo na pessoa em questão!

Quando a raiva nos cega, estamos sob o poder do sequestro emocional, é quase impossível agir ou pensar de forma produtiva porque os nossos pensamentos, a excitação da raiva e o comportamento nos fazem explodir (ou implodir).

A cólera tende a enfraquecer com o passar do tempo. Por essa razão, há a proposta de ter vários recursos para manter engajado o lobo pré-frontal com ações determinadas ou pensadas com antecedência. A técnica de dar-se uma pausa tática ajuda imediatamente a diminuir[119] a raiva, antes que esta se torne mais intensa, porque nos afasta momentaneamente do sentimento e do episódio que a provocou. Antes que a ira leve a abusos verbais e físicos, use o *time out*.

Dessa forma, desaceleramos o processo do "copo muito cheio que transborda" evitando o efeito "diga" (Capítulo 7). A pausa nos dá oportunidade de pensar no que está ocorrendo e nos permite elaborar uma maneira de resolver a situação de uma forma pacífica e satisfatória, preparando um plano.

O que se dizer para ganhar "tempo":

- Preciso de um tempo!
- Consigo ficar calmo até mesmo nesta situação;
- Quando estou calmo, significa que me controlo;
- Acredito em mim mesmo, não importa o que os outros dizem. Sou a única pessoa que pode me enraivecer e a única que pode me acalmar;
- Preciso de tempo para relaxar e fazer as coisas com calma;
- Minha raiva é um sinal. Dou-me tempo para falar a mim mesmo e relaxar;
- Sinto-me livre e respeitoso com o outro mesmo que necessite de um tempo;
- É normal se sentir inseguro e confuso, pode acontecer com qualquer um;
- É impossível controlar a situação. A única coisa que posso controlar sou eu mesmo e como expresso meus sentimentos;
- Não preciso me sentir sob controle por qualquer coisa e por qualquer pessoa;
- Se alguém me critica, consigo viver normalmente. A perfeição é um sonho;
- Não devo vencer pela força;
- Se alguém quer estourar, é um problema da pessoa. Eu não preciso responder a sua raiva ou frustração;
- Quando defender um argumento, posso usar o meu plano de controle. Posso usar o *time out*.

Coisas para dizer aos outros para ganhar nosso tempo:

- **Eu me sinto...**: quando exprimir os seus sentimentos com "eu me sinto", isso minimiza a situação em que está e evita acusar ou fazer o outro se sentir culpado.

- **...raivecido/irritado ou triste**: está falando de como se sente. É uma comunicação direta. É um estado de ânimo seu.
- **Preciso tomar um tempo**: está dizendo à pessoa que o escuta que não está perdendo o controle; ao contrário, está para fazer algo mais, como tomar um *time out*. Realizar uma pausa ajuda a entender realmente a outra pessoa – e não a sentir raiva;
- **Por uma hora**: se a divergência é com uma pessoa íntima e você se afasta por uma hora inteira, você e ela devem estar bastante calmos ao retornarem. Caso estejam de acordo em voltar em uma hora, respeitem essa decisão. Mesmo no trabalho, a pausa o ajuda a retornar lúcido. Talvez a pausa não seja de uma hora, mas permitirá ainda assim reordenar as ideias e dar clareza sobre as necessidades e objetivos a alcançar com o recíproco acordo. Afaste-se da situação, dê uma caminhada, saia do prédio.
- **Eu preciso de...**: formular um pedido concreto e específico para que a outra pessoa possa nos auxiliar.

O tempo de pausa deve ser utilizado ao máximo, porque ao retornar, você estará novamente diante da situação irresoluta. O que se segue são sugestões construtivas. Cada um de nós pode encontrar outras próprias, personalizadas:

- Fazer uma caminhada, correr ou dar uma volta de bicicleta ajudará a descarregar do corpo a tensão da raiva;
- Pode-se simplesmente andar e beber um copo de água em outro cômodo; evitar dirigir, beber álcool ou usar drogas;
- Praticar algum exercício de gestão da raiva: de visualizações a respirações, qualquer posição de ioga, escrever sobre as sensações, preencher o SPEPAC, ler frases inspiradoras, verbalizar ou retomar os exercícios do livro que mais amou.

O retorno ao presente para resolver a situação com atenção e calma:

- Após voltar, decidir se pode discutir a situação com qualquer um que seja a fonte de desavenças. De vez em quando, depois da pausa, conseguir decidir que problema não merece discussão em um primeiro momento ou se deve deixar para lá. Neste caso, concordar com a pessoa sobre o "onde" e o "quando" conversar sobre;
- Se decidir discutir o problema e reconhecer de novo os sintomas negativos de antes, repita o *time out*.

Quando fazemos o *time out*, estamos abalados pela situação. Por esse motivo, sugerimos não beber ou dirigir. Se não estivermos lúcidos ao retornar, a situação pode piorar! Tome nota da situação, como foi o *time out* e o modo em que o problema foi resolvido. As suas anotações são valiosas e lhe permitem modelar o seu comportamento e observar o progresso.

Para ir mais além, abaixo há uma tabela, que já encontramos no Capítulo 1, sobre a função de cada emoção e seu comportamento. Esta tabela pode ser um recurso útil para ir além do automatismo. As duas colunas a mais interrogam sobre a real necessidade e sobre qual comportamento seria socialmente aceito.

Lembramos que cada emoção tem múltiplas nuances e que a tabela indica a macrofamília da emoção sem todas elas. Na família da alegria, temos por exemplo a euforia ou a serenidade; enquanto a alegria tem como função biológica a reprodução, precisamos considerar as suas nuances, que escondem também nuances nas necessidades. Tal como uma nuance da família da alegria poderia ser a ternura, portanto a minha real necessidade naquele momento é de receber um abraço apertado, um chamego.

Já a coluna dos comportamentos socialmente aceitos me ajuda a refletir sobre quais ações posso realizar ou pedir, sobretudo se é em público (por essa razão, escrevemos socialmente aceito[120]). A tristeza implica uma fase de reintegração e o comportamento natural seria o choro, mas no meu caso específico, a nuance da reintegração pode ter a da confusão, fazendo-me talvez chorar ou quem sabe só precisando de um tempo de reflexão. Qual comportamento atuar? Qual comportamento satisfaz esta emoção? E qual o socialmente aceitável?

Família da emoção	Função	Comportamento que satisfaz a emoção	Real necessidade	Comportamento satisfatório e comportamento socialmente aceito
Alegria	Reprodução	Acasalar-se		
Tristeza	Reintegração	Chorar		
Raiva	Destruição	Atacar		
Medo	Proteção	Escapar		
Surpresa	Orientação	Imobilizar-se		
Desgosto	Repulsa	Vomitar		
Confiança	Inclusão	Aliar-se a alguém		
Antecipação	Exploração	Examinar		

Tabela 21. Visão sinóptica das emoções, sentimentos, comportamento e função (Plutchik, 1997. Elaboração da autora).

8.9 Recursos para equipe em equipe

Todo recurso pode ser feito em grupo ou individualmente. Os seguintes mecanismos se aplicam muito bem em uma dinâmica de grupo:

- Estabelecer uma rotina semanal em que líder e equipe se confrontam durante uma hora ajuda a equipe a estar alinhada, a compreender o trabalho de todos os membros dela e a resolver mais rapidamente problemas e incompreensões que podem nascer. Alguns líderes realizam todo dia os quinze minutos de *check in*: cada pessoa explica se seu dia será leve, agitado ou dificílimo. Essa prática é só uma maneira de construir com os "pedacinhos de lego" um clima de confiança. A prática pode ser semanal.
- Algumas variações: pedir para cada profissional expor um problema que encontra e solicitar aos colegas que soltem soluções, como um *brainstorming*, sem julgar. Essa atividade deve ser a rotação para que cada pessoa exponha de forma vulnerável o que parece ser um problema e para que cada colega se sinta engajado na resolução.
- Ter um cronograma visível dos projetos importantes reduz a ansiedade, a ponto que o clima de trabalho seja de equipe e não de competição. Logo, os membros da equipe se sintam suportados e possam pedir ajuda, caso necessário.
- Criar momentos de descontração juntos dentro do expediente de trabalho e evitar propor happy hours quando termina o trabalho, pois muitos adultos são pais ou têm família, criança, pais idosos e uma vida privada que deve ser respeitada. Portanto, melhor sugerir um almoço ou um happy hour dentro do horário de trabalho que permite que todo mundo esteja presente.
- Ter a prática do feedback como recurso extraordinário e estratégia para reduzir o estresse.

Capítulo 9

A comunicação, uma ferramenta poderosa

9.1 O esquema da comunicação

As interferências ou o ruído na comunicação é a origem de alguns problemas como sentimentos de ofensa, mal-entendidos e relações fracassadas. Uma comunicação aberta e positiva, na sua forma mais ampla, é considerada importante no desenvolvimento de relações sadias entre humanos, seja na família ou no trabalho.

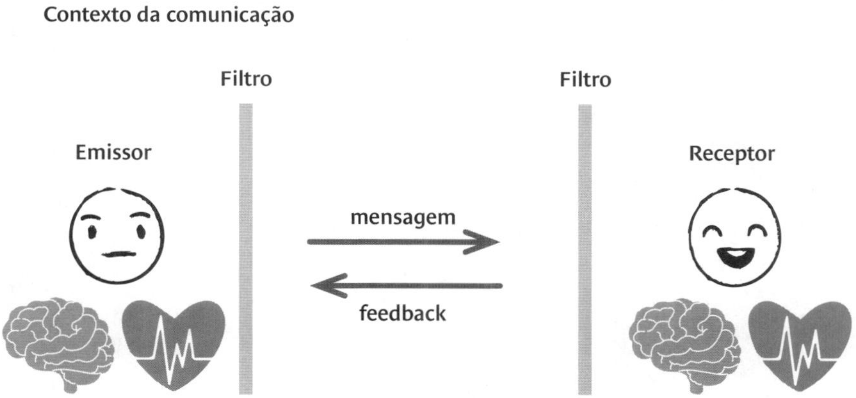

A comunicação, de modo esquemático, precisa de um emissor (com cérebro e coração!) que emita uma mensagem direta ao receptor (também provido de cérebro e coração), o qual escuta e processa a mensagem conforme a sua compreensão. A resposta que volta ao emissor é chamada de *feedback* (resposta/verificação). Por filtro, entendemos as interferências ou ruídos que podem ser criados por:

- Fatores físicos (barulho ou distância entre os interlocutores);
- Semânticos (utilização de jargão que seja técnico ou um regionalismo);

- Pessoais (como a escuta não adequada de forma inconsciente ou a filtragem das informações recebidas de maneira consciente). Dentro disso:
  - filtros psicológicos e nosso quadro de referência (como posição hierárquica – em algumas famílias, as posições hierárquicas são mais severas que nas organizações –, estereótipos e preconceitos).

Uma boa comunicação requer duas competências básicas: querer entender a outra pessoa (escutar atentamente) e exprimir mensagens claras (emissão precisa). O verbo comunicar vem do latim e significa "pôr em comum", ou seja, trocar opiniões, situações, energia. Para ter mais oportunidades de se comunicar, é importante que os dois sujeitos queiram realmente uma troca. Imaginemos a seguinte cena em que duas pessoas se encontram:

– *Oi, tudo bem? Que prazer te encontrar hoje! Como vai?*
– *Bem, obrigado.*
– *Como anda a realização do projeto?*
– *Bem.*
– *Que bom te ver.*
– *Sim.*

Essa comunicação é unilateral. Parece que uma das duas pessoas não *queria* conversar com a outra. Em vez de dizer isso claramente, ela fala de forma monossilábica, esperando enviar uma mensagem indireta. Dizer ao outro que estamos com pressa, que agora não temos tempo para conversar não é ofensivo. Empregar uma atitude desse tipo, taciturno, quase no limite da má educação, provoca pensamentos não ditos que volta e meia criam ruptura. Quando dizemos ao outro o que pensamos, não devemos por virtude feri-lo ou sermos patifes.

Muitas pessoas, do contrário, acreditam que a sinceridade corresponde à violência e humilhação. Por isso, comportam-se como cafajestes ou fingidos e acusadores. Cada um dos protagonistas tem de querer comunicar as próprias informações, opiniões e ideias em virtude do evento e de estar disposto a dar explicações a fim de que ambos se satisfaçam, passando, em seguida, ao nível da comunicação subsequente.

Vejamos o quanto se modifica o mesmo diálogo atuando com uma comunicação positiva e sincera. Neste caso, a sinceridade está em dizer que se está com pressa.

– Oi, tudo bem? Que prazer te encontrar hoje! Como vai?
– Bem, obrigado.
– Como anda a realização do projeto?
– Bem. Eu sinto muito, mas agora não tenho tempo para falar. Vamos deixar para outro dia, estou com bastante pressa. Desculpa.
– Maravilha, desculpe eu. Até a próxima!
– Tchau.

Eis uma última variante, desta vez um dos dois está bem aborrecido e o expressa de forma clara, socialmente aceitável e proativa, pois toma a iniciativa de tocar o tópico que poderia provocar uma ruptura entre os dois indivíduos. Um dos protagonistas está extremamente aborrecido com seu interlocutor e acaba por usar a sinceridade:

– Oi, tudo bem? Que prazer te encontrar hoje! Como vai?
– Bem, obrigado.
– Como anda a realização do projeto?
– Bem. A propósito, em relação a esse projeto... queria te falar cara a cara, porque não gostei de algumas atitudes. Queria esclarecer com você.

Agora o outro usa uma comunicação positiva e sincera para responder:

– *Sim... tem razão, mas nesse momento não me sinto confortável para conversar. Por favor, vamos deixar para a próxima semana. Na terça-feira, tenho uma agenda flexível. Que tal?*

– *Certo. Terça às 10h30, pode ser?*

••••••••

Obviamente, estamos assumindo uma cena em que as duas pessoas têm um certo interesse em se comunicar e em manter uma relação amistosa e profissional. Mesmo que não devemos ser amigos de todos à força, saber como salvar uma relação e clarear obscuridades ajuda a viver melhor no local de trabalho, em família e com amigos!

Vejamos uma outra variante, em que o protagonista não se interessa em manter uma relação com seu interlocutor, por isso, pode até xingá-lo. (Será que neste caso a pessoa pensou nas consequências? Fez o SPEPAC?)

••••••••

– *Finalmente te encontrei, o patife de sempre!*

– *Mas o que está dizendo? Pirou de vez?*

– *Desgraçado. E se faz de desentendido.*

••••••••

Qual acham que será o próximo movimento? Palavrões ou confronto? E as consequências? Se os protagonistas se deixarem levar pela raiva, então é melhor que releiam este livro desde o início e que façam os exercícios sugeridos anteriormente!

9.2 Entender a visão do mundo do outro

Quando falamos com outras pessoas, partimos dos nossos pressupostos, portanto o que para alguém é uma experiência fantástica, para outros se torna um pesadelo. Estou pensando, por exemplo, nos lugares de férias, de descanso. O que eu entendo de passar férias maravilhosas pode diferir bastante do conceito de férias de um adolescente de 15 anos. Nesse sentido, perguntas simples são cruciais para evitar equívocos e ativação de emoções não necessárias em uma conversa amigável:

- Que tipo de experiências você gosta de viver durante as férias?
- Quais atividades prefere fazer?
- Tem algo que não gostaria de experimentar de jeito nenhum?
- Gosta de experiências de diversão com adrenalina, como montanhas-russas, escaladas, bungee jumping?
- Prefere algo mais de contato com a natureza ou algo mais urbano?

Essas orientações nos ajudam a compreender melhor o que a pessoa quis dizer com "férias maravilhosas". Quando as pessoas não se entendem sobre um conceito, quando a comunicação dá errado, a responsabilidade cai sobre os dois que são emissores e receptores ao mesmo tempo. Ambos são atores da comunicação. **Devemos perguntar, e de novo perguntar, e de novo perguntar, antes de tirarmos conclusões.** Desse modo, evitamos prejudicar as nossas relações de maneira infundada e superficial. Quantas brigas seriam evitadas se fizéssemos mais perguntas!

O mapa não é o território, significa que o meu modo de comportamento não é exatamente igual ao seu. Ou que mesmo condutas semelhantes escondem necessidades diferentes. A seguir, um exemplo para explicarmos esse conceito.

De manhã, Pedro é um típico bicho do mato, não fala, afirma com a cabeça, mesmo quando chega ao escritório, não cumprimenta nem os colegas. "Menos mal", pensará um; "Ninguém liga", dirá outro. O fato é que, seja como for, esse comportamento pode causar ressentimento. Coloque-se na cena: você chega ao escritório, cumprimenta a todos, três pessoas, Pedro e um outro sujeito nem respondem. É como se não tivessem ouvido nada. De que forma você se sentiria? Se pudéssemos ler o pensamento, talvez víssemos um "A educação passou longe dessa gente!".

Agora, vejamos do ponto de vista de Pedro. Chegando ao escritório, ele que só "deslancha à tarde", se sente sonolento e não tem vontade de trocar palavra com ninguém antes das 11h. Mas dois colegas, sempre, já chegam cumprimentando, perguntando o que fizeram ontem, se está mal, já que ele não fala... uma verdadeira mosca. "Mas por que não estão nem um pouco calados até a hora do almoço?", pensa Pedro.

De novo um mal-entendido de mapa. Pedro não é um mal-educado, mas simplesmente precisa da manhã inteira para se tornar funcional. À tarde, não há problemas, e à noite, trabalha até tarde. Mas de manhã, ele está exatamente *out*. Os outros dois colegas, ao contrário, têm um "funcionamento" inverso. E cada um deles vê no comportamento do outro um defeito: falta de educação em uma parte, pedantismo na outra. Mesmo nessa situação, o esclarecimento com perguntas ou confronto de situações impede que pequenos aborrecimentos possam transformar-se no efeito "gota que faz transbordar o copo" (como vimos nos capítulos anteriores).

9.3 A perda de carga da comunicação

Às vezes, não obstante a boa vontade em ouvir a pessoa e a atenção prestada na comunicação, a mensagem que enviamos chega distorcida ao receptor, ou este último entende uma coisa diferente daquela que foi dita. Por que isso ocorre?

É um fenômeno absolutamente normal e comum na comunicação, trata-se do fenômeno da perda de carga.

Pensemos em um grande caminhão, cheio de grãos, que deve fazer uma longuíssima viagem, mas, prosseguindo a sua corrida, perde pouco a pouco punhados de grãos por causa um pequeno furinho. Ao fim da viagem, a carga de grãos que chegará ao destino estará muito mais leve comparada àquela da partida.

A comunicação funciona exatamente dessa forma: a nossa mente recolhe uma fonte inumerável de informações, que estruturamos construindo o nosso mapa mental do mundo, por meio de todas as experiências que ocorreram dia após dia. Isso significa que se, por exemplo, na minha família, na escola que frequento, na cidade onde moro e na cultura do meu país é inaceitável o canibalismo, diante de um episódio do gênero, se forma uma ideia minha utilizando os filtros que provêm da minha cultura, do ambiente em que estou e assim por diante.

As comunicações do meu pensamento vão infelizmente, mesmo nessa passagem, perdendo punhados de "grãos", uma vez que aquilo que tenho na cabeça não é transformado em palavras, mas por hábito fazemos um resumo, eliminando, aquelas informações tidas como menos importantes. Esse fenômeno se chama cancelamento de informações. Pode até acontecer de, ao relatar algo que tenho em mente, generalizar um pouco a realidade ou ainda, deformá-la, adicionando informações, assim os grãos perdidos se tornam toneladas. Isso tudo não ocorre de má-fé. Por certo que não. Ou nem sempre. Muitas vezes, acontece sem que nem nos recordemos.

Quem nunca tentou dar uma notícia que passou de boca em boca e, ao final, retornou a nós totalmente diferente? É a realização do fenômeno de perda de carga.

Por conseguinte, na comunicação, intervêm fenômenos como aqueles do "cancelamento de mensagem", da "generalização" e da "deformação", em que aquilo que digo é algo diferente daquilo que originariamente queria dizer. Mas a comunicação não encerra aqui, porque tenho de fazer as avaliações também com os filtros do meu interlocutor, com o seu mapa mental, com suas deformações, cancelamentos e generalizações e, desse modo, com ulteriores perdas de carga. Agora, talvez, fique mais simples compreender por que não entendemos e o porquê de tantos mal-entendidos.

Um conselho? Escute atentamente, seja claro na exposição de ideias, assegure-se mediante confronto que o interlocutor tenha entendido o que você quer dizer e depois... uma pitada de paciência.

9.4 As três comunicações

Muitos de nós usam diferentes gêneros de comunicação dependendo da situação, do nosso humor e do comportamento das pessoas com as quais estamos prestes a nos comunicarmos.

- **Comunicação passiva**: os comunicadores passivos evitam o cruzamento de olhares, evitam exprimir com exatidão seus sentimentos e tendem a ter baixa autoestima.

- **Comunicação agressiva:** os comunicadores agressivos invadem o espaço do ouvinte, falando de modo ameaçador e sarcástico, podem arremessar objetos, entender mal ou tentar intimidar o ouvinte. Procuram com frequência acusar o ouvinte, por qualquer que seja a causa da discordância.
- **Comunicação assertiva:** os comunicadores assertivos falam com um tom racional, mirando o ouvinte nos olhos, e declaram claramente as próprias necessidades, sentimentos e objetivos. Convidam quem escuta a obter uma solução para o conflito, racionalmente satisfatória para ambos. Influenciam conscientemente quem escuta com o próprio comportamento. Demonstram usar de competência e inteligência emocional.

	Passivo	Agressivo	Assertivo
Contato ocular	Evasivo	Fixo	Modulado
Volume e tom de voz	Baixo e cantarolante	Estridente, sarcástico e condescendente	Expressivo e enfatizador
Gestualidade	Gestos ansiosos e nervosos	Gestos ameaçadores e verticais	Denota segurança; gestos circulares
Fluidez verbal	Hesitante com muitas pausas	Incitante ou intencionalmente lento	Claro, sem interrupções
Proximidade	Distância ampla	Distância curta	Dinâmica dependendo dos tópicos
Alternância no diálogo	Perde as ocasiões de se expressar	Interrompe frequentemente	Alternância harmônica
Direitos	Deixa-se pisar	Atropela os outros	Afirma-se e escuta
Comunicação	Sentido único	Sentido único	Comunicação biunívoca
Estima	Subestima-se	Superestima-se	Estima-se

Tabela 22. As três comunicações.

9.5 A assertividade

Para introduzir a assertividade, ou seja, a capacidade de comunicar fazendo-se valer e propondo soluções positivas, durante os cursos, distribuímos uma folha que contém uma série de interações, exemplo: um colega insiste em marcar um encontro com você no almoço, dizendo: "Tesouro, que há de mal..." Você responde: "Obrigada, mas aprecio a nossa amizade assim como é. Não me sentiria à vontade em nenhum encontro."

A partir desse diálogo, as pessoas apontam se se trata de uma linguagem assertiva, agressiva ou passiva e reformulam eventualmente em assertivo. Esse exercício é fundamental para entrarmos no conceito, pois a assertividade é a aptidão de manter ativa a nossa posição, de não se fazer prejudicar ficando passivo, ao mesmo tempo, propondo uma solução que possa satisfazer também os outros. Assim como é uma forma de ver o mundo com olhos diferentes; desse modo, os problemas se tornam fonte de oportunidade de crescimento, de desenvolvimento, em que as incompreensões nos dão meios de superá-las, de encontrar as soluções e nos tornarmos criativos.

Sem problemas dificilmente o mundo evoluiria, então bem-vindos! É um pacto de transformação.

A assertividade se liga bem à linguagem positiva e à visão positiva e otimista, típica das competências emocionais, que não é aquela das fábulas, em que tudo tem um final feliz. A assertividade custa, pois precisamos estar naquele equilíbrio de validar nosso interlocutor sem esquecer de nossa autoafirmação. Para engajar nosso interlocutor na conversa e "dançar" a dois, eis uma antologia de frases úteis:

- Utilizar o "nós" (o projeto que examinaremos juntos) para qualquer coisa que agregue todos interessará mais aos outros de um ponto de vista emocional e racional;
- Utilizar os verbos no presente e no futuro;
- Envolvê-lo com os olhos;
- Apontar os membros do grupo pelo nome;
- Perguntar se estão de acordo, se têm observações;
- Ouvir quem fala.

9.6 A escuta

Estamos em um concerto de rock (ou no estádio, em um restaurante lotado, na estrada de uma cidade congestionada) e estamos tendo uma conversa com alguém. O barulho em volta é notável, não obstante, conseguimos nos atentar às palavras do nosso amigo e responder.

Essa é a diferença entre "ouvir" e "escutar": os nossos ouvidos estão sempre abertos, não podemos fechá-los e continuamente enviamos sinais auditivos ao nosso cérebro. O escutar é essencial, pois um fala e o outro escuta; ambos os elementos são indispensáveis. Todavia, não escutamos sempre do mesmo modo. Às vezes, fazemos de conta que escutamos e pensamos em algo, ou escutamos enquanto fazemos algo; às vezes, pensamos ter escutado, mas depois não lembramos de nada. Sem contar os momentos em que somos nós a falar e estamos muito satisfeitos com o modo com que o nosso interlocutor nos escuta.

É possível fazermos uma análise da modalidade do escutar negativo, no sentido do que nos deixa insatisfeitos, se é o nosso interlocutor que escuta assim, ou no caso de o deixarmos insatisfeito, se somos nós que praticamos o ato.

O escutar passivo é o modo de perceber quem permanece imóvel ao olhar fixamente o interlocutor, sem se mover, como que hipnotizado. Quem fala se encontra em uma posição de extremo desconforto. De fato, não tem elementos claros para acusar o outro de não o escutar: em suma, ele está ali de frente, olhando-o. Porém a ausência de feedback tampouco confirma o fato de que o outro esteja efetivamente escutando e compreendendo. Pois o silêncio pode ser uma das formas mais destrutivas de escutar uma pessoa. Se desejamos atingir o objetivo de impedir o outro de se exprimir, basta ficarmos completamente passivos ao ouvi-lo. Uma situação semelhante que vivemos é ao telefone, quando da outra parte chega só o silêncio; neste caso, por hábito, interrompemos e dizemos "Alô? Ainda está aí?". Quem fala desvia do que é dito devido ao desconforto. Um escutar desse tipo é danoso em quase todo tipo de relação.

A exceção pode ser o episódio em que as pessoas se encontram em um contexto hierárquico como empregador e empregado, professor e estudante etc. Assim, a postura de imobilidade de quem escuta faz parte do jogo das posições, sobretudo se existe uma hierarquia severa: o subordinado escuta o seu superior sem mostrar reação. **O ambiente organizacional rígido que não permite uma interação comunicativa democrática e igualitária com certeza não está aplicando as competências emocionais.** O escutar passivo do interlocutor deve sempre representar também uma campainha de alerta.

O escutar fraco se verifica quando o interlocutor tem e manifesta um escasso interesse pelo que está escutando. Os sinais de feedback, na verdade, são automáticos, superficiais e não pertinentes. Por exemplo, falamos com nosso colega na frente de um computador, que até dá sinais de participar, como "Sim, tá certo". Tivemos uma manifestação verbal de escuta, mas a atitude não verbal comunica desinteresse. Outro exemplo: um colega vai relatar um incômodo que tem com um colega de trabalho, e a pessoa responsável responde: "Vai ver, tudo se resolverá." Também aqui a escuta é fraca, já que não está sendo apontada nenhuma solução específica, assim não satisfazendo a necessidade que lhe fora expressa.

O escutar agressivo é aquele em que é procurado pelo interlocutor impor os próprios ritmos à pessoa a quem ele fala. Exemplo, ao telefone:

– *Bom dia, sou Marcela, poderia falar com Bruno?*
– *Diga.*

Nesse caso, houve um total salto das convenções da parte de Bruno para chegar à dureza. A mensagem percebida por Marcela é: não tenho tempo para lhe dar, então vamos encurtar este incômodo ao mínimo. Aqueles que se expressam com o escutar agressivo utilizam "Agora?", "Assim?", "Logo?" com os outros a fim de acrescentarem ânsia e agitação.

Outro tipo de escuta agressiva é o escutar detalhista, que consiste em interromper com frequência o interlocutor para corrigir, integrar ou modificar elementos irrelevantes no contexto global do discurso. Com exemplo, relatamos uma conversa entre colegas.

• • • • • • • •

– *Lembra aquele projeto que fizemos no ano passado juntos com a Maria?*
– *Não era um projeto, era uma pré-elaboração.*
– *Tudo bem. Ainda assim, lembra da solução que achamos?*
– *Nós não achamos nada, os consultores nos sugeriram.*
– *OK, queria dizer que podemos usá-la de novo.*
– *Mas da outra vez não a usamos, só a examinamos.*

• • • • • • • •

E assim vai...

Outra variante do escutar agressivo é o escutar normativo: quem escuta contrai a testa, levanta uma sobrancelha, curva o canto da boca para baixo, sacode a cabeça, assume um ar sarcástico. É um comportamento de quem quer comprometer a estima de quem fala, que pode até deixar passar e abandonar a conversa.

Tipologia de escuta	Objetivo	Operacionalidade
Escutar passivo ou fraco	Despertar a atenção do interlocutor; obter a sua participação; compartilhar o protagonismo.	Perguntas de atenção ou relativas às pessoas que escutam, tipo: "Lembra isso?", "O que você pensa disso?"
Escutar agressivo	Parar a agressão; baixar a escalada emocional; retomar a relação peritética.	Conversar com o interlocutor ao mesmo nível de tom e volume; redefinir o contexto e a relação entre os dois atores da conversa; ir ao encontro do interlocutor sem perder a própria posição; pedir explicações sobre trechos de conversa para acalmar o outro: "Me explica melhor este ponto" (isso vai acalmar os ânimos).
Escutar detalhista	Focar o conteúdo-chave.	Retomar o sentido global do discurso, utilizando frases como "Vamos nos concentrar no ponto central".

Tabela 23. Pistas para superar tipologias de escutas destrutivas.

9.7 A escuta ativa

A escuta ativa é se atentar às mensagens de outras pessoas sem responder verbalmente.

O silêncio pode ser uma poderosa mensagem não verbal para a aceitação da comunicação. Esse escutar comunica a aceitação da outra pessoa se quem ouve dá absoluta atenção, do mesmo modo em que a pessoa que fala é consciente que está sendo escutado.

Escutar com o coração significa tentar determinar como a pessoa se sente quando fala. Ou seja, ter empatia.

O escutar ativo (que alimenta a empatia) é o processo de decodificação das palavras que uma pessoa usa para exprimir uma ideia ou um sentimento, e a mensagem decodificada deve ser reenviada ao emitente para verificar se foi isso mesmo.

O escutar ativo promove relações de cordialidade entre nós e os outros. Uma pessoa que experimenta ser escutada se sentirá confiante conosco e, logo após, nós nos sentiremos em sintonia e confiança com essa pessoa.

Cenas de situações concretas e aplicação de competências emocionais comunicativas:

- **Simples reconhecimento:** respostas verbais de uma mensagem de uma outra pessoa. Essas respostas reforçam a ideia de que se está escutando.

  Mensagens ou expressões como: "Oh!", "Hummm", "Verdade?" e "Interessante" permitem a outra perceber que estamos escutando e entendendo, mas sem propor nenhum conteúdo, avaliação ou julgamento. As nossas respostas assentem simplesmente a quem fala prosseguir o discurso.

- **Perguntas abertas:** trata-se de respostas verbais que convidam a dizer mais, não propondo uma alternativa, mas convidando a ampliar o discurso. Por exemplo, "Prefere chá ou café?" é uma pergunta fechada. Há também perguntas fechadas múltiplas, aquelas propostas nos testes em que se precisa marcar a resposta certa. Já as abertas não propõem escolhas, não focam alternativas ou não contrapõem opções.

Respostas como "Gostaria de saber mais", "Gostaria de falar de...", "Diga-me algo relativo", "Parece que você tinha algumas ideias e ouvi referência a isso" são modos com os quais podemos comunicar a nossa disponibilidade a continuar a escutar. As perguntas abertas abrem as portas da comunicação interpessoal, ou seja, das competências da inteligência emocional sobre a gestão da relação. É como dizer: "Eu gostaria sinceramente de escutar o seu ponto de vista" ou ainda "Estou interessado em você".

- **Valorizar a abertura:** fazer a quem fala ver que está interessado no que ele diz. Dizer o quanto está contente de conversar com ele.

  — Tenho problemas no trabalho.

  — Estou contente que se sinta à vontade para falar comigo.

- **Encorajar:** demonstrar a quem fala que você está interessado e que quer que ele continue falando. De tal modo, quem fala entenda que você está envolvido no que é dito.

  — Estou com problemas no trabalho.

  — Quer me dizer mais alguma coisa?

- **Focalizar com perguntas abertas:** mostrar a quem fala que deseja entender o que é dito. Faça perguntas para obter mais informações.

  — Não posso mais continuar no trabalho.

  — O que não o agrada no seu trabalho?

- **Reformular:** apresentar a quem fala que entendeu a importância do que foi dito. Reformular o que foi expresso com palavras próprias.

  — O meu empregador não reconhece os meus méritos no trabalho.

  — Está me dizendo que o seu empregador não o considera um trabalhador importante.

- **Raciocinar juntos:** expor a quem fala que entendeu o que se comprova, interagindo com palavras que fazem referência a sentimentos, com as suas expressões.

  — Queria terminar o meu relatório de trabalho, mas não consigo fazê-lo.

  — O que o está te incomodando?

- **Reassumir os pontos relevantes da questão:** apontar a quem fala que pode reassumir o que foi dito. Isso será também o sinal de que o interlocutor pode passar a um outro tema ou ponto da conversa.

  — Tenho muitos problemas e quero sair antes.

  — Parece-me que você tem muito a fazer.

9.8 Tornando-se um comunicador melhor

Cutuque sua habilidade de escutar e dialogar. Este questionário não tem respostas certas ou erradas, mas cada situação se transforma em reflexão. Os capítulos deste livro fornecem bastante elementos para considerar!

	Faço	Não faço
Gosto de escutar o pensamento completo de alguém.		
Enquanto meu interlocutor fala, espero impaciente o momento de responder.		
Não consigo acompanhar o fio lógico-verbal de um discurso.		
Antes de responder a algo, reafirmo com minhas palavras o que foi dito.		
Esqueço os nomes das pessoas quase em seguida depois de tê-las conhecidas.		
Quando escuto uma resposta obtusa, penso que a pessoa seja também.		
Tendo a rabiscar ou a brincar nervosamente quando estou ao telefone, para manter a atenção.		

	Faço	Não faço
Durante as conversas, faço muitas perguntas para seguir o fio.		
As pessoas acham fácil falar comigo.		
As pessoas frequentemente me perguntam mais detalhes sobre o que falo.		
Enquanto alguém está falando, preparo mentalmente a resposta antes dela terminar.		
Procuro deixar o meu interlocutor à vontade.		
Logo que ouço algo com que não concordo, intervenho.		
Procuro fornecer uma visão geral do assunto e depois entro nos detalhes.		

Tabela 24. Avaliação das competências de escuta.

9.9 A empatia e o duplo vínculo

A empatia é uma competência emocional presente em todos os modelos que exploramos neste livro. Trata-se de uma faculdade que nós, seres humanos, temos espontaneamente desde crianças. O termo vem do grego e quer dizer literalmente "estar dentro das sensações do outro"; é a capacidade de identificar-se com uma outra pessoa, pôr-se nos seus pensamentos e estado de ânimo.

Por exemplo, estamos no cinema, o filme está quase no fim, o protagonista de quem realmente somos fãs está, nas duas últimas horas, dando a revanche ao seu velho inimigo. Com toda probabilidade, nós sentimos uma satisfação, como se aquela revanche estivesse sendo feita por nós, e não por um ator com roteiro. Ocorreu que nos identificamos com a situação do personagem e começamos a experimentar aquilo que ele experimenta. Nas cenas dramáticas, talvez nos escape uma lágrima, nas cenas de revanche, ficamos contentes.

Praticamos a empatia todas as vezes que fazemos suposições sobre as emoções de outra pessoa. A todos nós basta uma "olhada" para saber se nosso interlocutor está de bom ou mau humor e adaptar o nosso comportamento à situação. Caso, então, nosso interlocutor se envolva, passamos a experimentar o mesmo que ele.

É um processo tão arraigado, somos capazes de senti-lo com interlocutores de carne e osso e também com convidados de *talk shows*, personagens literários ou cinematográficos, com os animais, plantas e até mesmo objetos, seja presencial ou videochamadas.

Na ala da maternidade, uma criança que chora fará, em consequência, todas as crianças da sala chorarem. Essa imitação é o primeiro passo que forma a empatia. Infelizmente, esse comportamento instintivo e inconsciente não levará automaticamente à empatia consciente. Ao contrário, essa "semente" (comportamento) deve ser cultivada por meio de modelação, reforço e prática. Quanto antes uma pessoa desenvolver a empatia a nível consciente e quanto antes a empatia possa se tornar natural, se reforçar por si, é satisfeita uma necessidade oculta de comunicação para com os outros.

Para começarmos a intuir quais são as emoções de outra pessoa, implica que saibamos o que somos, quer dizer, devemos estar conscientes de nossas emoções. Em segundo lugar, devemos deduzir que os outros experimentam as mesmas emoções que nós, algo de que não podemos ter nenhuma prova concreta. Em terceiro, devemos pensar que os fatores que disparam em nós uma determinada emoção despertam a mesma no outro.

Por fim, deduzimos que as expressões faciais ligadas às emoções que sentimos sejam iguais nos outros, para que quando vermos o rosto do outro, atribuímos-lhe a tais. O pressuposto fundamental desse processo é a consciência, que é a capacidade de atribuir as minhas emoções àquele exato sujeito que sou eu.

A empatia é uma ferramenta fundamental na socialização humana, como vimos nas competências da inteligência emocional. É um seguimento primário, que vem antes do raciocínio lógico e da palavra, justo porque é ligado ao sistema límbico cerebral, preposto às emoções. A empatia se baseia em sinais não verbais (linguagem do corpo) e paraverbais (tom de voz, volume) que "lemos" na outra pessoa e são totalmente espontâneos; os seres humanos sadios a experimentam automaticamente. É o "sexto sentido" que vai além do significado real por trás da palavra.

Gregory Bateson[120] deu um nome ao processo que se verifica quando a mensagem verbal não coincide com aquela emocional: duplo vínculo, dado que são transmitidos dois sinais simultaneamente. **É extremamente desconcertante para quem a recebe**, pois percebemos que o conteúdo e a forma da comunicação não são congruentes.

Imaginemos que nosso gestor parabeniza nosso relatório: "Gosto muito do seu trabalho", mas seu rosto não deixa sair nem um sorriso ou uma expressão de aprovação, e ainda mais não o menciona nas reuniões, nem volta a falar do conteúdo. Ao nível instintivo, somos levados a interpretar os sentimentos, enquanto a nível racional, somos levados a interpretar a palavra que o outro diz. Se esses dois canais de comunicação estão em contradição, o mínimo que podemos experimentar é um sentimento de transtorno. Contudo, Bateson vai além e afirma que conforme existe essa incongruência, a linguagem do corpo ganha sobre o conteúdo.

Finalmente, segundo Bateson, quando, por exemplo, os cuidadores de uma criança se comportam de maneira incoerente, o duplo vínculo pode ser a causa de patologias psicológicas muito sérias.

9.10 Frases *killers* que matam a comunicação

Algumas formas de interação destroem a comunicação, pois não são modos de comunicação simétricos, ou seja, do mesmo nível, de humano para humano, tentando rebaixar a outra pessoa. Algumas vezes, são maneiras sutis e leves, como alguns jeitos de ensinamento magistral; outras vezes, são meios mais evidentes de menosprezo, como quando queremos moralizar, rotular ou mandar no nosso interlocutor. Mesmo na hierarquia, guardar o respeito para nosso interlocutor deve ser válido.

1. **Ordenar**: dirigir, comandar; dizer aos outros o que fazer; dar uma ordem ou um comando tendo a autoridade, a responsabilidade ou o carisma necessário.

2. **Ameaçar**: advertir; dizer aos outros quais as consequências, tipicamente negativas, enlaçam a realização ou não de uma ação.

3. **Moralizar**: julgar, pregar; invocar autoridade externa aceita como verdade absoluta e não questionável; dar soluções ou conselhos aos outros porque acha que sabe tudo; dizer às outras pessoas como resolver um problema; dar pareceres ou conselhos fornecendo respostas ou soluções de modo sabichão e, sobretudo, quando não requisitado.

4. **Ensinar**: ensinar de forma magistral sem interação com o interlocutor; ter um monólogo; não aceitar réplicas, perguntas ou respostas diferentes daquela que queremos escutar.

5. **Manipular**: influenciar os outros com fatos, argumentos, lógica e informações visando à pura consecução de objetivos pessoais.

6. **Julgar**: criticar, reprovar; emitir um juízo ou uma avaliação negativa das outras pessoas; nomear, rotular, ter preconceitos negativos; separar as pessoas em categorias, geralmente negativas.

7. **Sentenciar**: comunicar aos outros que já estão julgados, categorizados e fichados; interpretar, analisar e diagnosticar; dizer aos outros quais são os seus motivos ou analisar o que estão fazendo, ou o que estão dizendo antes de escutar as suas reais intenções.

8. **Rebaixar ou diminuir**: negar a importância dos sentimentos dos outros; fazer o outro entender que os seus sentimentos não são importantes; negar a verdade da afirmação do outro.

9. **Interrogar**: indagar, fazer perguntas; achar uma razão, um motivo e/ou causa, focalizar no que queremos saber; guiar a conversa em sentido único.

Seguem algumas frases *killers* e uma proposta de atividade: para cada frase, reflita sobre qual das nove categorias demonstradas pertence, onde foi pronunciada (na casa ou no ambiente de trabalho, ou ambos) e descreva mais sobre seu cenário.

Frase	Nº de categoria	Elementos do cenário	Respostas assertivas sem cair na agressão
Faça o favor de ficar no seu lugar.			
Você é pago para trabalhar e não para pensar.			
Não é tanto o que você faz, mas como o faz.			
Não esqueça, não pode mais confiar em ninguém.			
Você deveria fazer isso, pois todo mundo sabe disso.			
Se não gostou, a porta é ali.			
Também te pagam para encher a paciência?			
Estou farto de ser o único na empresa que entende de algo.			
Raciocina igual a uma mulher/homem.			

Frase	Nº de categoria	Elementos do cenário	Respostas assertivas sem cair na agressão
Antes de sair dizendo merda, devia pensar antes.			
Gostaria de saber como ganhou o diploma.			
O meu contrato não diz que eu deva te ensinar porra nenhuma.			
Se eu fosse você faria assim...			
É possível que ninguém nunca me ajude?			
Tem algo dentro da sua cabeça ou está oca?			
Tente dizer algo que dê para entender.			
Sempre fizemos assim e deu certo.			
Vejo que é inútil insistir com você.			
É igualzinho ao seu pai/à sua mãe.			

Frase	Nº de categoria	Elementos do cenário	Respostas assertivas sem cair na agressão
Deixa estar, eu faço, já que faço melhor.			
Se sua tarefa fosse complicada então poderia entender por que faz assim.			
Para todos seus colegas, fazer isso é normal.			
Vou tirar seu tapete.			
Você vai pagar caro por isso!			
A vida é fácil para alguém como você.			
Não dá para te pedir nada.			
Vocês homens/mulheres são todos iguais.			
Você se finge de incompetente ou é realmente?			
Te falei isso mil vezes.			
Você não merece nenhuma confiança.			

Frase	Nº de categoria	Elementos do cenário	Respostas assertivas sem cair na agressão
Já tinham me falado que você não era a pessoa certa.			
Você está de TPM?			
Quem é pobre é porque não quer trabalhar.			
Os ricos são todos desonestos.			
Seu trabalho não serve para nada.			
Fale, se acha que tem algo inteligente a dizer!			
Por que você fez assim? Quando, quem te autorizou?			

Tabela 25. Cenários para decorticar a raiva.

Em casa ou no trabalho, as expressões *killers* são aquelas que "matam" ou "ferem gravemente" os nossos sentimentos. Atenção, porque sabemos facilmente o que elas dizem dos outros, pois as frases *killers* são alimentadas por uma "isca" atirada por nós mesmos. E, agora, atenção, pois frequentemente as frases *killers* **são ditas por uma parte e pela outra:** elas se autoalimentam e chegam a uma escalada que não apenas atinge o nível da palavra, mas podem gerar comportamentos lesivos.

A verbalização de emoções é típica de pessoas que ganharam ou estão ganhando consciência de seu funcionamento interno, que estão desenvolvendo a sua porção de inteligência emocional. Lançar frases *killers* é típico de pessoas que não assumem a responsabilidade de cooperar com o outro para resolver as eventuais incompreensões. O primeiro caminho é um percurso difícil, que oferece muitas satisfações; o segundo é seguramente mais simples, porém nos deixa com o "problema" a resolver e com a raiva.

9.11 O falar positivo

Não pensem em um cão amarelo com orelhas verdes.

O que estão pensando? Provavelmente mentalizaram um cachorro amarelo com orelhas verdes. No entanto, havíamos dito para não pensarem!

O fato é que o nosso cérebro não possui uma visualização para a negação, como possui para "cão", "amarelo", "orelhas", "verde". Então, o pensamento daquilo que se pede para ignorar ocorre no automático. Tocamos a mão no poder denotativo da linguagem: as palavras são sons arbitrários que denotam conceitos. Por sua vez, os conceitos estão significando os respectivos objetos no mundo. Vejo um animal que late e sacode o rabo, digo "cão" e na minha cabeça entendo o que quer dizer. Com a negação, não posso fazer isso; possuo o conceito na minha cabeça, mas não existe nem o nada (pois se existisse, seria alguma coisa).

A negação é algo com que na nossa cabeça tende a fazer confusão. Por isso, é melhor utilizar frases afirmativas quando desejamos facilitar a compreensão daquilo que estamos dizendo. Saber usar a linguagem pode ajudar muito na comunicação. Posso usá-la para me fazer entender, ou para conscientemente afastar-me de meu interlocutor. O ponto é exatamente a consciência: sempre, na comunicação, obtemos resultados contrários àqueles que nos havíamos proposto e não conseguimos entender porquê. Um dos motivos é exatamente o uso perturbante da linguagem. Passaremos em revista mais a frente algumas palavras-chave que são de ajuda na comunicação.

Colocamos sob exame estas duas afirmações, feitas entre colegas que trabalharam em nossa equipe:

1. Acho que seria melhor refazer o projeto.
2. Se acha que é melhor, refaça o projeto.

No primeiro caso, faço o meu interlocutor entender que sou eu pensando e assumo a responsabilidade pelo que digo; no segundo caso, não se sabe quem é responsável pela ideia e o meu interlocutor provavelmente ficará desorientado (ou enraivecido, ofendido, aborrecido etc.).

As conjunções são outro elemento em que usa a consciência. Algumas unem, outras expressam censura. Por exemplo:

- A sua apresentação foi muito interessante, porém a de Marina nos forneceu elementos úteis.
- A sua apresentação foi muito interessante, assim como a de Marina, que nos forneceu bastantes elementos úteis.

A primeira frase é limitante: eu entendo que o trabalho de Marina foi mais útil que o meu. A segunda frase é satisfatória, dá-me a entender que o meu trabalho é tão importante quanto o de Marina.

Entre as duas frases muda somente a conjunção: no primeiro caso, "porém"; no segundo caso, "assim como". Recordemos: quando uso uma conjunção adversativa, como "porém" e "mas", é como se baixasse tudo aquilo que vem antes e conferisse valor só ao que vem depois. Já ao usar "também", "e", "assim", "tanto... quanto", confiro o mesmo valor tanto à frase que vem antes como para a que vem depois. Também precisamos tomar cuidado em não generalizar demais. Algumas vezes, as conjunções adversativas fazem todo sentido!

Outras palavrinhas que devem fazer soar um alarme são os chamados quantificadores universais: "cada", "todos", "nenhum", "sempre", "nunca". São aquelas palavras que encontramos nas frases *killers*, isto é, as frases que, como diz o provérbio, "matam mais que a espada":

- Nunca vai mudar;
- Sabemos que não é capaz;
- Cada vez que há reunião, chega atrasado;
- Nunca tem alguém que saiba fazer algo neste escritório.

São generalizações, ou seja, extensões de casos particulares àquela peculiar categoria de tempo que é para sempre. Elas ajudam a entender conceitos sociológicos, mas (nesse caso, utilizei conscientemente!) mal se aplicam às circunstâncias pessoais e específicas. Se o nosso objetivo é comunicar, não enervar, é melhor que as nossas frases descrevam fatos, respondendo talvez aos 5W + 1H dos jornalistas: quem, o que, quando, onde, por que + como (who, when, why, what, where + how).

Por fim, um convite a adaptar nosso registro linguístico: escutemos os nossos interlocutores e esforcemo-nos para adaptar o nosso vocabulário àquele que ele usa. Servir-se de um léxico elegante pode ser bom quando prestamos exame em uma universidade, porém é menos útil quando fazemos compras no mercado.

Na vida, todos os dias, em família e na escola, há frases que gostamos de ouvir e outras que, obviamente, não nos agradam. Quando falamos com nosso interlocutor, pensamos que ele é também como nós, que também há algumas frases que dizemos a ele que agradam muito, porque são *afagos* positivos que lhe fazemos.

A seguir, destacamos exemplos de frases que podem ser consideradas agradáveis e incitativas, não é uma lista exaustiva, mas só uma dica de reflexão.

Na vida privada	No trabalho
Com você, estou bem; Juntos passamos bons momentos; É bom poder contar com você; Força, coragem, você é importante! Obrigado; Me desculpe, sinto muito; Confio em você; Te amo.	Podemos contar com você; Não se preocupe, são possíveis soluções diferentes; Seu trabalho está ótimo, sobretudo neste ponto...; Preciso da sua ajuda; Está fazendo certo, continue assim; Me desculpe, sinto muito; Obrigado; Te quero bem.

Tabela 26. Frases construtivas a utilizar mais frequentemente.

Quatro pontos para uma comunicação respeitosa:

1. Ter razão e dizer o que quer dizer: pode fazê-lo inofensivamente, usando palavras educadas e gentis.
2. Para que a comunicação seja eficiente, ambas as partes devem se comprometer a escutar o que a outra pessoa está dizendo, evitando simplesmente convencer os outros de suas próprias posições.
3. Uma boa comunicação requer negociações e compromissos. Se para você, alguém tem de levar a melhor na discussão, então haverá um outro que levará a pior, e você terá perdido a comunicação.
4. Nenhum problema pode ser mais importante que permanecer não violento e manter a relação a longo termo.

Apêndice

Perguntas para se conhecer melhor

As perguntas a seguir foram formuladas para que nos tornemos conscientes de como nos comportamos e para auxiliar nosso entendimento e fomentar nossa intuição e insight. É surpreendente descobrir a origem de alguns de nossos comportamentos e escolhas e se questionar de onde as crenças se originam. A sugestão é de responder a estas perguntas como se fossem feitas para alguém que acabamos de conhecer, como durante um chat dentro de uma mídia social.

Para ter um resultado mais eficaz, avançamos um pouco de cada vez, dia após dia. Por essa razão, as perguntas são divididas em diferentes seções, com temáticas misturadas. Armados de um caderninho (ou de nossa agenda eletrônica), pensamos nas perguntas e nas respostas, remexendo os nossos pensamentos.

Podemos também começar esta viagem de autoconhecimento com alguém que está também curioso nessa busca de si. Uma pessoa amiga, que quer se confrontar, um colega, alguém da família ou da nossa equipe. Trabalhar em dupla ou em grupo é muito mais estimulante e com certeza vai consolidar uma relação de amizade de maneira duradoura. Assim, pode ser interessante marcar encontros regulares, a cada semana, uma meia hora, um almoço "filosófico" ou até mais frequentes; desse modo, confere-se importância àquilo que se está fazendo.

O trabalho em grupo estimula revezamentos e escutar respostas diferentes ajuda a ampliar nossos horizontes. É importante que tenhamos tempo para degustar e refletir sobre as respostas, pois não se trata de uma competição ou de uma corrida, e sim de um trabalho de aprofundamento sobre si. Ser curioso sobre quem somos deveria ser natural: a busca de uma vida.

10.1 Primeira seção

1. Qual seu maior talento na vida?
2. Fale sobre uma virada na sua vida.
3. Qual o momento mais dramático da sua vida, aquele no qual você acha que chegou ao fundo do poço?
4. Há algum episódio em que tenha demonstrado uma grande coragem?
5. Houve algum momento de dor intensa? Mais de um?
6. O que você realiza mal e continua a fazer?
7. O que gostaria de parar de fazer?
8. Quais ações realmente gostaria de melhorar?
9. Quais experiências amadureceram e quais gostaria de ter?
10. Quais valores lhe contradistinguem?
11. Em qual maneira e ocasião você desempenha seus valores?
12. Reflita sobre uma oportunidade perdida em sua vida.
13. Quais as coisas que a essa altura da vida gostaria de começar a fazer bem?
14. Qual foi o período mais feliz de sua vida?
15. Qual sonho ainda não realizou?
16. Como você se imagina na velhice?

10.2 Segunda seção

1. Como gosta de transcorrer o seu tempo livre?
2. Gosta de fazer longas caminhadas sozinho?
3. Quanto dinheiro decidiu gastar para as férias?
4. Qual sua opinião sobre programas para crianças na TV?
5. Você se considera religioso ou espiritual? E por quê?
6. Tem fé em alguma religião?

7. A sua família consome comida preparada em casa?
8. Qual sua opinião sobre os métodos de controle de natalidade e o aborto?
9. Agrada-lhe fazer caridade ou fazer doações aos pobres, ou a causas nobres?
10. Qual a sua opinião sobre cigarro?
11. O que decidiu fazer nas próximas férias?
12. O que fez na noite passada?
13. Qual foi uma escolha surpreendente que você já fez?
14. Qual relação você tem (ou tinha) com seus pais?
15. Em relação a algo prático, o que gostaria de aprender antes de morrer?
16. Em relação a algo filosófico, o que gostaria de aprender antes de morrer?
17. Como encara os aspectos negativos de seu trabalho?
18. Que pasta de dente usa? Por que utiliza tal marca?
19. Já escreveu uma carta a algum editor de um jornal ou a um político? Qual era o assunto?
20. Qual publicidade de qual produto te incomoda?
21. Para que economizar dinheiro?
22. Qual tipo de música você escuta?
23. Que atividade prefere fazer menos a as outras no tempo livre?

10.3 Terceira seção

1. Quais situações que te deixam sem palavras?
2. O que fez nas duas últimas festas de Páscoa?
3. O que fez durante as duas últimas férias de dezembro?
4. Como você se informa? Jornais em papel ou online?
5. Qual o seu programa favorito quando criança? E agora?

6. Tem visto filmes nos últimos meses? Diga uma ou duas frases quaisquer de um filme e porque lhe agradaram.
7. Quais são seus esportes preferidos?
8. Que livro da sua preferência foi lido recentemente?
9. Se fosse professor, qual disciplina você gostaria de ensinar?
10. Algum hobby o agrada? Qual?
11. Seus amigos têm hobbies parecidos?
12. Existem amigos seus aos quais esses hobbies não agradem?
13. Do que os seus amigos gostam em você?
14. Do que você gosta nos seus amigos?
15. Das pessoas que já o ajudaram, quem deixou melhor impressão? Como essa pessoa o ajudou?
16. Qual o último trabalho gratificante e que lhe foi prazeroso?
17. Como se vê daqui a cinco anos?
18. Que injustiças na sua comunidade gostaria que mudassem?
19. Há algo que gostaria de mudar em si próprio? O que seria?
20. Preferiria ser enterrado, ser cremado ou outra modalidade?

10.4 Quarta seção

1. Como você se coloca perante grandes temáticas sociais como racismo, equidade de gênero e desenvolvimento sustentável?
2. O que acha necessário para se ter uma boa vida?
3. Quais vícios você tem?
4. O que acha das greves?
5. Há alguma coisa que não diria nem ao seu melhor amigo? O que seria?
6. Em qual âmbito você educa seus filhos diferentemente de como foi educado?

7. Já furtou algo? Quando e por quê?
8. Já sofreu zombarias? Já caçoou dos outros?
9. O que não o agrada em alguém à primeira vista?
10. Consegue imaginar o que gostaria de compartilhar com o grupo?
11. Sente-se satisfeito com a sua vida?
12. Qual loucura você já fez?
13. Que melhorias gostaria de fazer na sua vida?
14. Qual o seu principal interesse na vida?
15. Descreva algo feito a uma pessoa que não o agradava.
16. O que costuma fazer para sair de situações desagradáveis?
17. Se ganhasse 5 milhões de euros, como sua vida mudaria?
18. Acha os funerais importantes? Por quê?
19. Quantos filhos gostaria de ter/ter tido?
20. O que acha da homossexualidade?
21. Com qual celebridade gostaria de ter amizade?
22. Depois de crescido, o que o incomodava nos seus pais?
23. Qual sua cor preferida?
24. Qual sua constatação sobre seu peso e aspecto físico geral?

10.5 Quinta seção

1. Acredita ter sido uma criança obediente?
2. Qual a coisa mais assustadora com que já se deparou?
3. Acredita na vida eterna?
4. Preocupa-se com frequência? Quais são suas maiores preocupações?
5. Alguma vez fugiu de casa quando criança? Chegou a pensar?
6. Como se comporta diante de um problema?
7. Como acha que os professores deveriam ensinar?
8. Qual foi a pior coisa que fez?
9. Qual alimento é seu preferido?
10. Com qual frequência você come fora com sua família?

11. O que acha do vegetarianismo?
12. Quem toma as decisões na família?
13. Fale da sua família.
14. O que você acha sobre eutanásia?
15. O que gostaria de receber de presente no seu próximo aniversário?
16. Age precipitadamente ou planeja as ações?
17. Já fez algo só porque os outros esperavam que fizesse?
18. Acha que as pessoas só fazem o que lhes agrada fazer?
19. Já jogou jogos de azar?
20. Qual foi seu melhor ano na escola?
21. Já pensou em pintar os cabelos? Tem preconceito contra as mulheres que o fazem? E contra os homens?
22. Ao dirigir à noite, vê o sinal vermelho, não havendo ninguém por perto, o que você faz?
23. Sente-se conformista em relação a algo?
24. Já foi a uma praia de nudismo?
25. Já leu algum livro que o tenha afetado profundamente?
26. Acredita ser um materialista?
27. Já viu ou comprou material pornográfico? Do que gostou e do que não?

Bibliografia

APA DICTIONARY OF PSYCHOLOGY. **APA Dictionary of Psychology**. Disponível em: https://dictionary.apa.org/emotion.

Anxiety and Depression Association of America. **Physical Activity Reduces Stress | Anxiety and Depression Association of America, ADAA**. Disponível em: https://adaa.org/understanding-anxiety/related-illnesses/other-related-conditions/stress/physical-activity-reduces-st.

APFEL, Roberta J.; SIFNEOS, Peter E. **Alexithymia: Concept and measurement.** Psychotherapy and Psychosomatics, vol. 32, n. 1–4, p. 180–190, 1979.

ARCHER, John. Testosterone and human aggression: an evaluation of the challenge hypothesis. **Neuroscience & Biobehavioral Reviews**, vol. 30, n. 3, p. 319–345, 2006.

BARRETT, Lisa F.; FREDRICKSON, Barbara L; TUGADE, Michele M. **Psychological resilience and positive emotional granularity**: Examining the benefits of positive emotions on coping and health. Journal of personality, v. 72, n. 6, p. 1161–1190, 2004.

BENDAHAN, Samuel; ZEHNDER, Christian; PRALONG, François P., *et al.* **Leader corruption depends on power and testosterone**. The Leadership Quarterly, vol. 26, no 2, p. 101–122, 2015.

BELL, Margaret R. Comparing postnatal development of gonadal hormones and associated social behaviors in rats, mice, and humans. **Endocrinology**, vol. 159, n. 7, p. 2596–2613, 2018.

BERTALANFFY, Ludwig von. **General system theory: Foundations, development, applications.** G. Braziller, 1968.

LEWIN, Kurt. **Resolving social conflicts and field theory in social science.** American Psychological Association, 1997.

Binet, Alfred (1857–1911) French Psychologist (Scientist). Disponível em: https://en.wikipedia.org/wiki/Alfred_Binet. Acesso em: 24 de julho de 2023.

BLAKE-MORTIMER, Jane; HANCOCK, Heather; SMITH, Caroline; *et al.* A randomized comparative trial of yoga and relaxation to reduce stress and anxiety. **Complementary therapies in medicine**, vol. 15, no 2, p. 77–83, 2007.

BOYATZIS, R.; GOLEMAN, Daniel. **Emotional Intelligence Has 12 Elements. Which Do You Need to Work On?** Disponível em: https://hbr.org/2017/02/emotional-intelligence-has-12-elements-which-do-you-need-to-work-on.

BOYATZIS, Richard E.; GOLEMAN, Daniel; MCKEE, Annie. **Primal leadership: The hidden driver of great performance.** Harvard Business Review, vol. 79, no 11, p. 42–53, 2001.

BOYATZIS, Richard E.; GOLEMAN, Daniel; RHEE, Kenneth. **Clustering competence in emotional intelligence: Insights from the Emotional Competence Inventory (ECI).** Handbook of Emotional Intelligence, v. 99, n. 6, p. 343–362, 2000.

BRACKETT, Marc A.; RIVERS, Susan E.; SALOVEY, Peter. **Emotional intelligence: Implications for personal, social, academic, and workplace success.** Social and personality psychology compass, v. 5, n. 1, p. 88–103, 2011.

BRYANT, Edwin F. **The yoga sutras of Patanjali: A new edition, translation, and commentary.** North Point Press, 2015.

CALLEA, Antonino *et al.* **Are more intelligent people happier? Emotional intelligence as mediator between need for relatedness, happiness and flourishing.** Sustainability, v. 11, n. 4, p. 1022, 2019. CHIN, Susan T. S.; ANANTHARAMAN, R. N.

CENTENO, Maria João. **O conceito de comunicação na obra de Bateson: interacção e regulação.** Universidade da Beira Interior/Livros LabCom, 2009.

CASTO, Kathleen V.; EDWARDS, David A. Testosterone, cortisol, and human competition. **Hormones and behavior**, vol. 82, p. 21–37, 2016.

COBB, Casey D.; MAYER, John D. **Educational policy on emotional intelligence: Does it make sense?** Educational Psychology Review, v. 12, p. 163–183, 2000.

CONTE, Hope R.; PLUTCHIK, Robert. **Circumplex models of personality and emotions.** American Psychological Association, 1997.

DAVIDSON, Karina W.; MOSTOFSKY, Elizabeth. Anger expression and risk of coronary heart disease: Evidence from the Nova Scotia Health Survey. **American heart journal**, vol. 159, n. 2, p. 199–206, 2010.

DEARDEN, Laura; BOURET, Sebastien G.; OZANNE, Susan E. Sex and gender differences in developmental programming of metabolism. **Molecular metabolism**, vol. 15, p. 8–19, 2018.

DECLAIRE, Joan; GOTTMAN, John; GOTTMAN, Julie Schwartz. **Ten lessons to transform your marriage: America's love lab experts share their strategies for strengthening your relationship.** Harmony, 2007.

DRUSKAT, V.; WOLFF, S. **Building the Emotional Intelligence of Groups.** Disponível em: https://hbr.org/2001/03/building-the-emotional-intelligence-of-groups. Harvard Business Review. Acesso em 20 de agosto de 2023.

DUDAI, Yadin; KANDEL, Eric R.; MAYFORD, Mark R. **The molecular and systems biology of memory.** Cell, vol. 157, n. 1, p. 163–186, 2014.

EICHSTAEDT, Johannes C.; *et al.* The emotional and mental health impact of the murder of George Floyd on the US population. **Proceedings of the National Academy of Sciences**, 118.39, 2021. DOI: e2109139118.

EIME, Rochelle M.; *et al.* A systematic review of the psychological and social benefits of participation in sport for children and adolescents: informing development of a conceptual model of health through sport. **International journal of behavioral nutrition and physical activity**, v. 10, n. 1, p. 1–21, 2013; NG, Shu Wen; POPKIN, Barry M. Time use and physical activity: a shift away from movement across the globe. **Obesity Reviews**, v. 13, n. 8, p. 659–680, 2012.

EISENBERGER, Naomi I.; CROCKETT, Molly J.; LIEBERMAN, Matthew D.; *et al.* **Putting feelings into words.** Psychological science, vol. 18, n. 5, p. 421–428, 2007.

EKMAN, P. **Darwin and facial expression**: A Century of Research in Review, 2016.

EKMAN, P.; FRIESEN, W. V. **Constants across cultures in the face and emotion.** Journal of personality and social psychology, 17(2), p. 124, 1971.

Emotional Intelligence Consortium—Articles, Research and Information on Emotional Intelligence. Disponível em: https://www.eiconsortium.org/. Acesso em: 19 de agosto de 2023.

FINEMAN, S.; MUMBY, Dennis K.; PUTNAM, Linda L. **Organizations, emotion and the myth of rationality.** 1993.

FREUDENBERGER, Herbert. Burnout: Past, present, and future concerns. **Loss, Grief & Care**, 3 (1–2), 1–10, 1989. Disponível em: https://www.tandfonline.com/doi/ref/10.1300/J132v03n01_01?scroll=top.

MASLACH, Christina; LEITER, M. P. Burnout. **Stress and quality of working life: current perspectives in occupational health**, vol. 37, p. 42–49, 2006.

GALINSKY, Adam D.; MAGEE, Joe C.; GRUENFELD, Deborah H.; *et al.* **Power reduces the press of the situation: implications for creativity, conformity, and dissonance. Journal of personality and social psychology**, vol. 95, no 6, p. 1450, 2008.

GANEY, H. C. Neil. **Evolution of Law of Psychology.** Journal of Human Performance in Extreme Environments, vol. 7, n. 1, p. 3.

GANSTER, Daniel C.; ROSEN, Christopher C. **Work stress and employee health: A multidisciplinary review.** Journal of management, vol. 39, n. 5, p. 1085–1122, 2013.

GARDNER, Howard E. **A Resurgence of Interest in Existential Intelligence: Why Now?** Disponível em: https://www.howardgardner.com/howards-blog/a-resurgence-of-interest-in-existential-intelligence-why-now. Acesso em: 8 de janeiro de 2023.

GARDNER, Howard E. **Frames of mind: The theory of multiple intelligences.** Basic books, 2011.

GARDNER, Howard E. **Multiple intelligences: New horizons in theory and practice.** Basic books, 2008.

GOLEMAN, Daniel. **Emotional intelligence.** Why it can matter more than IQ. Learning, vol. 24, no 6, p. 49–50, 1996.

GOLEMAN, Daniel. **Emotional intelligence: Issues in paradigm building.** The Emotionally Intelligent Workplace, vol. 13, p. 26, 2001.

GONZALEZ-MULÉ, Erik; COCKBURN, Bethany. Worked to death: The relationships of job demands and job control with mortality. **Personnel Psychology**, vol. 70, n. 1, p. 73–112, 2017.

GRANDISOLI, E.; BELLAGUARDA, F.; MORAES, R. A emergência climática e as novas oportunidades para as juventudes. **Climática**, 31, 2021.

GUERRA, D.; COLONNELLO, Valentina; PANKSEPP, Jaak. The neurobiology of RAGE and anger & psychiatric implications with a focus on depression. **Multiple Facets of Anger: Getting Mad or Restoring Justice?** Nova Science Publishers, Inc. p. 45–80, 2011.

HOGG, T. L.; STANLEY, S. K.; O'BRIEN, L. V.; WILSON, M. S.; WASTFORFD, C. R. The Hogg Eco-Anxiety Scale: Development and validation of a multidimensional scale. **Global Environmental Change**, 71, 2021. DOI: 102391.

HOFSTEDE, Geert. **Dimensionalizing cultures: The Hofstede model in context.** Online readings in psychology and culture, vol. 2, n. 1, p. 8, 2011.

How Are You Protecting Your High Performers from Burnout? Disponível em: https://hbr.org/2018/06/how-are-you-protecting-your-high-performers-from-burnout. Acesso em: 27 de agosto de 2023.

HOŞGÖR, Haydar; HOŞGÖR, Derya Gündüz. The relationship among nomophobia, fear of missing out and demographic variables: example of the healthcare manager candidates. **Current Addiction Research**, vol. 3, n. 1, p. 16–24, 2019.

HUESMANN, L. Rowell; MOISE-TITUS, Jessica; PODOLSKI, Cheryl-Lynn; *et al.* **Longitudinal relations between children's exposure to TV violence and their aggressive and violent behavior in young adulthood.** Developmental psychology, vol. 39, n. 2, p. 201, 2003.

HUTCHINSON, Marie; HURLEY, John. Exploring leadership capability and emotional intelligence as moderators of workplace bullying. **Journal of nursing management**, vol. 21, n. 3, p. 553–562, 2013.

JAMAL, Muhammad. Burnout and self-employment: a cross-cultural empirical study. **Stress and Health: Journal of the International Society for the Investigation of Stress**, vol. 23, n. 4, p. 249–256, 2007.

JAMES, Muriel; JONGEWALD, Dorothy. **Born to win**. Addison-Wesley Pub. Co., 1985.

KANDEL, Eric R.; SAPP, Gregg. **In Search of Memory: The Emergence of a New Science of Mind.** Library Journal, vol. 131, n. 5, p. 94–95, 2006.

KARIMI, Leila *et al.* **The effects of emotional intelligence training on the job performance of Australian aged care workers.** Health care management review, v. 45, n. 1, p. 41-51, 2020.

KELLERMAN, Henry; PLUTCHIK, Robert. **Theories of emotion.** Academic press, 2013.

KELTNER, Dacher; GRUENFELD, Deborah H.; ANDERSON, Cameron. **Power, approach, and inhibition.** Psychological review, vol. 110, no 2, p. 265, 2003.

KORCZAK, Dieter; WASTIAN, Monika; SCHNEIDER, Michael. Therapy of the burnout syndrome. **GMS health technology assessment**, vol. 8, 2012.

La météo intérieure—Le temps qu'il fait en soi. Disponível em: https://manonjean.com/meteo-interieure/.

LEVINE, Peter A. **Waking the tiger: Healing trauma: The innate capacity to transform overwhelming experiences.** North Atlantic Books, 1997.

Lie to Me (série de televisão). Disponível em: https://pt.wikipedia.org/wiki/Lie_to_Me_(s%C3%A9rie_de_televis%C3%A3o).

LIEBERMAN, Matthew D.; TORRE, Jared B. **Putting feelings into words: Affect labeling as implicit emotion regulation.** Emotion Review, vol. 10, n. 2, p. 116–124, 2018.

LITALIEN, Marie-Gabrielle. **Évaluation de l'impact d'un programme de pleine conscience à l'école comme facteur de protection.** In: 3 Résilience et cycle de vie. [s.l: s.n.]. Disponível em: https://lel.crires.ulaval.ca/sites/lel/files/utilisateurs/cassandracarrier/partie_3_-_resilience_et_cycle_de_vie_0.pdf.

LEVI, Lennart (ed.). **Stress and distress in response to psychosocial stimuli: laboratory and real-life studies on sympatho-adrenomedullary and related reactions.** Elsevier, 2016.

LEVINE, Peter A. **Trauma and memory: Brain and body in a search for the living past: A practical guide for understanding and working with traumatic memory.** North Atlantic Books, 2015.

LEVINE, Peter A. **Waking the tiger: Healing trauma: The innate capacity to transform overwhelming experiences.** North Atlantic Books, 1997.

LÖVHEIM, Hugo. **A new three-dimensional model for emotions and monoamine neurotransmitters.** Medical hypotheses, v. 78, n. 2, p. 341-348, 2012.

MADAAN, Vishal; PETTY, Frederick D.; SHARMA, Ashish. Exercise for mental health. **Primary care companion to the Journal of clinical psychiatry**, v. 8, n. 2, p. 106, 2006.

MASLACH, Christina. The burnout syndrome. **Current research, theory and interventions**, vol. 3, p. 49–56, 1981.

MATÉ, Gabor. **The myth of normal: Trauma, illness, and healing in a toxic culture.** Penguin, 2022.

MCCLELLAND, David C. **Human motivation.** Cup Archive, 1987.

MCKINNEY, T. D.; DESJARDINS, Claude. Postnatal development of the testis, fighting behavior, and fertility in house mice. **Biology of Reproduction**, vol. 9, n. 3, p. 279–294, 1973. Postnatal development of the testis, fighting behavior, and fertility in house mice. **Biology of Reproduction**, 9.3, p. 279–294, 1973.

MULLIGAN, K.; SCHERER, K. R. (2012). **Toward a working definition of emotion**. Emotion Review, 4(4), p. 346.

NANTHARAMAN, R. N.; CHIN, Susan Tee Suan; TONG, David Yoon Kin. **The roles of emotional intelligence and spiritual intelligence at the workplace.** Journal of Human Resources Management Research, v. 2011, n. 2011, p. 1–9, 2011.

NEAVE, Nick; WOLFSON, Sandy. Testosterone, territoriality, and the 'home advantage'. **Physiology & behavior**, vol. 78, n. 2, p. 269–275, 2003.

NELSON, Portia. **There's a hole in my sidewalk: The romance of self-discovery.** Simon and Schuster, 2012.

NOVACO, Raymond W. **Anger and psychopathology**. In: International handbook of anger: Constituent and concomitant biological, psychological, and social processes. Nova York: Springer New York, p. 465–497, 2009.

O que é Epigenética? Disponível em: https://developingchild.harvard.edu/translation/o-que-e-epigenetica/.

ORA-RIPOLL, Ramon. The therapeutic value of laughter in medicine. **Alternative Therapies in Health & Medicine**, v. 16, n. 6, 2010.

PARACHINI, John V. **The Implications of the September 11 Terrorist Attacks for California: A Collection of Issue Papers**. Santa Monica, CA: RAND Corporation, 2002. Disponível em: https://www.rand.org/pubs/issue_papers/IP223.html.

PARK, Crystal L.; RILEY, Kristen E. How does yoga reduce stress? A systematic review of mechanisms of change and guide to future inquiry. **Health Psychology Review**, v. 9, n. 3, p. 379–396, 2015.

Playing video games for better, not worse. Disponível em: https://news.umich.edu/playing-video-games-for-better-not-worse/. Acesso em: 15 de julho de 2023.

PLUTCHIK, R. Ed; HOPE, R. Conte. **Circumplex models of personality and emotions.** American Psychological Association, 1997.

PLUTCHIK, Robert; KELLERMAN, Henry. **Theories of emotion.** Academic press, vol. 1, 2013.

Pornography Industry Statistics [Fresh Research] • Gitnux. Disponível em: https://gitnux.org/pornography-industry-statistics/.

RILEY, K. Jack; BENNET, Bruce W.; HANSON, Mark Alan; CARROL, Stephen J.; DIXON, Lloyd; GERWEH, Scott; GLENN, Russell W.; MEDBY, Jamison Jo.

Robert Plutchik. Disponível em: https://en.wikipedia.org/wiki/Robert_Plutchik#/media/File:Plutchik-wheel.svg.

ROSENBERG, Marshall B. **Nonviolent communication: A language of compassion.** Encinitas, CA: Puddledancer press, 2002.

ROSENBERG, Marshall B.; CHOPRA, Deepak. **Nonviolent communication: A language of life: Life-changing tools for healthy relationships.** PuddleDancer Press, 2015.

RUSSELL, James A. A circumplex model of affect. **Journal of personality and social psychology**, vol. 39, n. 6, p. 1161, 1980.

SALOVEY, Peter; MAYER, John D. **Emotional intelligence.** Imagination, cognition and personality, vol. 9, n. 3, p. 185–221, 1990.

Sara Khademolsharieh, la campionessa iraniana di scacchi che gioca senza il velo e sfida il regime. Disponível em: https://www.lastampa.it/esteri/2022/12/27/news/sara_khademolsharieh_la_campionessa_di_scacchi_che_gioca_senza_il_velo_e_sfida_il_regime-12434323/.

Sarasadat Khademalsharieh. Disponível em: https://en.wikipedia.org/wiki/Sarasadat_Khademalsharieh.

EKMAN, P.; DAVIDSON, R. **Questions about emoticons.** Oxford University Press, 1995.

SARASON, Irwin G.; SARASON, Barbara R.; SHEARIN, Edward N.; *et al.* A brief measure of social support: Practical and theoretical implications. **Journal of social and personal relationships**, vol. 4, n. 4, p. 497–510, 1987.

Saúde mental no trabalho: um guia para empresas. Disponível em: https://vocesa.abril.com.br/carreira/saude-mental-no-trabalho-um-guia-para-empresas/.

SAXENA, Shekhar; *et al.* Mental health benefits of physical activity. **Journal of Mental Health**, v. 14, n. 5, p. 445–451, 2005.

SEMERARO, Alfonso; VILELLA, Salvatore, RUFFO, Giancarlo. **Plutchik: Visualising and comparing emotion-annotated corpora.** Plos one 16.9 (2021): e0256503.

SHAH, Norliana Ahmad; SAAD, Mazni; MOHAN, Noor Malinda Mohamed; *et al.* Working in private universities: Does emotional intelligence matter for job effectiveness. **International Journal of Accounting, Finance and Business**, vol. 3, n. 10, p. 87–96, 2018.

SIEGLER, Robert S. **The other Alfred Binet.** Developmental psychology, v. 28, n. 2, p. 179, 1992.

Sim, respirar fundo acalma — e agora a ciência sabe o porquê. Disponível em: https://super.abril.com.br/ciencia/respirar-fundo-acalma-mesmo-porque-afeta-o-cerebro#google_vignette.

SMITH, Benjamin K.; STOHL, Michael; AL-GHARBI, Musa. Discourses on countering violent extremism: the strategic interplay between fear and security after 9/11. **Critical Studies on terrorismo**, 12.1, p. 151–168, 2019.

STEIMER, Thierry. The biology of fear-and anxiety-related behaviors. **Dialogues in clinical neuroscience.** 2022.

SZCZYGIEL, Dorota Daniela; MIKOLAJCZAK, Moïra. Emotional intelligence buffers the effects of negative emotions on job burnout in nursing. **Frontiers in psychology**, vol. 9, p. 2649, 2018.

The Six Seconds Model. Disponível em: https://eq.org/learn/6seconds/model/.

TONG, David Y. K. **The roles of emotional intelligence and spiritual intelligence at the workplace.** Journal of Human Resources Management Research, v. 2011, n. 2011, p. 1–9, 2011.

TOST, Leigh Plunkett; GINO, Francesca; et LARRICK, Richard P. **When power makes others speechless:** The negative impact of leader power on team performance. Academy of Management journal, vol. 56, no 5, p. 1465–1486, 2013.

TRATAMENTO de Choque. Diretor: Peter Segal. Produção: Revolution Studios; Happy Madison. Estados Unidos, 2003.

USEEM, J. **Power Causes Brain Damage.** Disponível em: https://www.theatlantic.com/magazine/archive/2017/07/power-causes-brain-damage/528711/.

VAN DER KOLK, Bessel. The body keeps the score: Brain, mind, and body in the healing of trauma. **Nova York**, v. 3, 2014.

VAN DER KOLK, Bessel A. The body keeps the score: Memory and the evolving psychobiology of posttraumatic stress. **Harvard review of psychiatry**, v. 1, n. 5, p. 253–265, 1994.

VAN DER KOLK, Bessel A.; MCFARLANE, Alexander C.; WEISAETH, Lars (Ed.). **Traumatic stress: The effects of overwhelming experience on mind, body, and society.** Guilford Press, 2012.

VEGETO, Elisabetta; BELCREDITO, Silvia; ETTERI, Sabrina; *et al.* Estrogen receptor-α mediates the brain antiinflammatory activity of estradiol. **Proceedings of the National Academy of Sciences**, vol. 100, no 16, p. 9614–9619, 2003.

WIKIPEDIA CONTRIBUTORS. **Languages with official status in India.** Disponível em: https://en.wikipedia.org/wiki/Languages_with_official_status_in_India.

YARIBEYGI, Habib; PANAHI, Yunes; SAHRAEI, Hedayat; *et al.* The impact of stress on body function: A review. **EXCLI Journal**, vol. 16, p. 1057, 2017.

Notas

1. BRACKETT, Marc A.; RIVERS, Susan E.; SALOVEY, Peter. **Emotional intelligence: Implications for personal, social, academic, and workplace success.** Social and personality psychology compass, v. 5, n. 1, p. 88–103, 2011.

   DRUSKAT, V.; WOLFF, S. **Building the Emotional Intelligence of Groups.** Disponível em: https://hbr.org/2001/03/building-the-emotional-intelligence-of-groups. Harvard Business Review. Acesso em 20 de agosto de 2023.

2. KARIMI, Leila et al. **The effects of emotional intelligence training on the job performance of Australian aged care workers.** Health care management review, v. 45, n. 1, p. 41–51, 2020.

3. MCCLELLAND, David C. **Human motivation.** Cup Archive, 1987.

4. No final dos anos 1970, o biólogo austríaco Ludwig von Bertalanffy descreveu a organização como um organismo vivente, onde a visão sistêmica do conjunto se torna obrigatória, pois cada organização deve ser inserida dentro de um sistema maior que, por sua vez, tem contato com outros organismos e sistemas. A teoria do Sistema Geral (GST) oferece uma grelha interdisciplinar para entender os princípios e características comuns de todos os sistemas, independentemente de sua natureza específica. Assim, vem a complementar a teoria do campo formulada por Kurt Lewin nos anos 1950 que se focaliza sobretudo o aspecto psicológico e social. Na biologia, assim como na administração, na sociologia ou psicologia, as mudanças de ordem econômica e política, a nível local, regional, estadual ou mundial, têm impacto sobre as organizações, que por consequência afetam os indivíduos. Logo, a persona que está no papel de líder também sofre as mudanças externas que provocam transformações interiores.

   BERTALANFFY, Ludwig von. **General system theory: Foundations, development, applications.** G. Braziller, 1968.

   LEWIN, Kurt. **Resolving social conflicts and field theory in social science.** American Psychological Association, 1997.

5. BARRETT, Lisa F.; FREDRICKSON, Barbara L; TUGADE, Michele M. **Psychological resilience and positive emotional granularity**: Examining the benefits of positive emotions on coping and health. Journal of personality, v. 72, n. 6, p. 1161–1190, 2004.

6. CHIN, Susan T. S.; ANANTHARAMAN, R. N.; TONG, David Y. K. **The roles of emotional intelligence and spiritual intelligence at the workplace.** Journal of Human Resources Management Research, v. 2011, n. 2011, p. 1–9, 2011.

7. LIN, Dana T. *et al.* **Emotional intelligence as a predictor of resident well-being.** Journal of the American College of Surgeons, v. 223, n. 2, p. 352–358, 2016.

8. THORY, Kathryn. **Developing meaningfulness at work through emotional intelligence training.** International Journal of Training and Development, v. 20, n. 1, p. 58–77, 2016.

   CALLEA, Antonino *et al.* **Are more intelligent people happier? Emotional intelligence as mediator between need for relatedness, happiness and flourishing.** Sustainability, v. 11, n. 4, p. 1022, 2019.

   KARIMI, Leila *et al.* **The effects of emotional intelligence training on the job performance of Australian aged care workers.** Health care management review, v. 45, n. 1, p. 41–51, 2020.

9. A palavra "ubris" tem origem na Grécia Antiga e é encontrada em muitos textos e peças de teatro desse período. No entanto, a primeira pessoa a discutir e analisar a *ubris* de maneira mais aprofundada foi o filósofo grego Aristóteles, que foi também preceptor de Alexandre, o Grande. Aristóteles abordou o conceito de *ubris* em sua obra *Ética a Nicômaco.* Ele a descreveu como um comportamento excessivamente arrogante, presunçoso e desrespeitoso, que ocorria quando uma pessoa se considerava superior às leis e normas estabelecidas pela sociedade.

Aristóteles argumentava que a *ubris* era um traço de caráter negativo e perigoso, pois levava à transgressão e ao desequilíbrio na vida pessoal e na sociedade como um todo. Embora Aristóteles seja frequentemente associado à introdução de seu conceito, o termo e o conceito subjacente já existiam e eram discutidos antes dele na cultura grega. Aristóteles contribuiu para sua popularização e desenvolvimento filosófico, tornando-se uma referência importante para entendermos a *ubris* e seus efeitos na liderança e na vida em sociedade.

10. O funcionamento cognitivo refere-se ao processo pelo qual a mente humana adquire, organiza, armazena, recupera e usa informações e conhecimentos. É a capacidade do cérebro de processar informações, envolvendo diversas funções mentais, como percepção, atenção, memória, linguagem, raciocínio, solução de problemas, tomada de decisões e habilidades de aprendizado.

11. USEEM, J. **Power Causes Brain Damage**. Disponível em: https://www.theatlantic.com/magazine/archive/2017/07/power-causes-brain-damage/528711/. Acesso em 18 de julho de 2023.

12. BENDAHAN, Samuel; ZEHNDER, Christian; PRALONG, François P., *et al.* **Leader corruption depends on power and testosterone.** The Leadership Quarterly, vol. 26, no 2, p. 101–122, 2015.

    KELTNER, Dacher; GRUENFELD, Deborah H.; ANDERSON, Cameron. **Power, approach, and inhibition.** Psychological review, vol. 110, no 2, p. 265, 2003.

    GALINSKY, Adam D.; MAGEE, Joe C.; GRUENFELD, Deborah H.; *et al.* **Power reduces the press of the situation: implications for creativity, conformity, and dissonance.** *Journal of personality and social psychology*, vol. 95, no 6, p. 1450, 2008.

    TOST, Leigh Plunkett; GINO, Francesca; et LARRICK, Richard P. **When power makes others speechless:** The negative impact of leader power on team performance. Academy of Management journal, vol. 56, no 5, p. 1465–1486, 2013.

13. Definição pelo Dicionário da Associação Americana de Psicologia. Disponível em: https://dictionary.apa.org/emotion. Acesso em: 4 de agosto de 2023.

14. MULLIGAN, K.; SCHERER, K. R. (2012). **Toward a working definition of emotion**. Emotion Review, vol. 4, n. 4, p. 346*:* "X is an emotion only if x is an affective episode; x has the property of intentionality (i.e., of being directed); x contains bodily changes (arousal, expression, etc.) that are felt; x contains a perceptual or intellectual episode, y, which has the property of intentionality the intentionality of x is inherited from the intentionality of y x is triggered by at least one appraisal x is guided by at least one appraisal." Tradução livre da autora.

15. MULLIGAN, K.; SCHERER, K. R. **Toward a working definition of emotion**. Emotion Review, 2012, vol. 4, n. 4, p. 346: "Much of the confusion in this area is due to the semantic overlap of denotations and connotations of the terms affect, emotion, and feeling and the respective adjectives and adverbs, as well as a host of other terms such as preferences, emotional attitudes, moods, affect dispositions, or even interpersonal stances." Tradução livre da autora.

16. Definição pelo Dicionário da Associação Americana de Psicologia. Disponível em: https://dictionary.apa.org/emotion. Acesso em: 4 de agosto de 2023.

17. PLUTCHIK, R. Ed; HOPE, R. Conte. **Circumplex models of personality and emotions**. American Psychological Association, 1997.

18. EKMAN, P.; FRIESEN, W. V. **Constants across cultures in the face and emotion.** Journal of personality and social psychology, 17(2), p. 124, 1971.

19. O site de Paul Ekman oferece bastante informação: https://www.paulekman.com/. Acesso em: 10 de agosto de 2023.

20. EKMAN, P. **Darwin and facial expression**: A Century of Research in Review, 2016.

21. Lie to Me (série de televisão). Disponível em: https://pt.wikipedia.org/wiki/Lie_to_Me_(s%C3%A9rie_de_televis%C3%A3o). Acesso em: 16 de julho de 2023.

22. DECLAIRE, Joan; GOTTMAN, John; GOTTMAN, Julie Schwartz. **Ten lessons to transform your marriage: America's love lab experts share their strategies for strengthening your relationship.** Harmony, 2007.

23. KELLERMAN, Henry; PLUTCHIK, Robert. **Theories of emotion.** Academic press, 2013.

    CONTE, Hope R.; PLUTCHIK, Robert. **Circumplex models of personality and emotions.** American Psychological Association, 1997.

24. **Robert Plutchik.** Disponível em: https://en.wikipedia.org/wiki/Robert_Plutchik#/media/File:Plutchik-wheel.svg. Acesso em: 19 de agosto de 2023.

25. GARDNER, Howard E. **Frames of mind: The theory of multiple intelligences.** Basic books, 2011.

26. PUTNAM, Linda L.; MUMBY, Dennis K.; FINEMAN, S. **Organizations, emotion and the myth of rationality.** 1993.

27. SIEGLER, Robert S. **The other Alfred Binet.** Developmental psychology, v. 28, n. 2, p. 179, 1992.

28. GARDNER, Howard E. **Multiple intelligences: New horizons in theory and practice.** Basic books, 2008.

29. GARDNER, H. **A Resurgence of Interest in Existential Intelligence: Why Now?** Disponível em: https://www.howardgardner.com/howards-blog/a-resurgence-of-interest-in-existential-intelligence-why-now. Acesso em: 8 de janeiro de 2023.

30. A inteligência existencial difere da inteligência espiritual como explicado pelas autoras desta pesquisa. NANTHARAMAN, R. N.; CHIN, Susan Tee Suan; TONG, David Yoon Kin. **The roles of emotional intelligence and spiritual intelligence at the workplace.** Journal of Human Resources Management Research, v. 2011, n. 2011, p. 1–9, 2011.

31. SALOVEY, Peter; MAYER, John D. **Emotional intelligence.** Imagination, cognition and personality, vol. 9, n. 3, p. 185–221, 1990.

32. BOYATZIS, Richard E.; GOLEMAN, Daniel; RHEE, Kenneth. **Clustering competence in emotional intelligence: Insights from the Emotional Competence Inventory (ECI).** Handbook of Emotional Intelligence, v. 99, n. 6, p. 343–362, 2000. "Emotional intelligence is observed when a person demonstrates the competencies that constitute self-awareness, self-management, social awareness, and social skills at appropriate times and ways in sufficient frequency to be effective in the situation", tradução livre da autora.

33. A sigla QE foi empregada para indicar o quociente educacional (Feinberg, 1941). A revista *Time* apresentava a sigla EQ em letras maiúsculas na capa da revista, isso gerou no tempo a confusão e a complementaridade com a sigla QI, como quociente. Ao longo dos anos e com a importância crescente da Inteligência Emocional, o QE começa a ser utilizado não somente para indicar o quociente educacional, mas também para o quociente emocional. COBB, Casey D.; MAYER, John D. **Educational policy on emotional intelligence: Does it make sense?** Educational Psychology Review, v. 12, p. 163–183, 2000.

34. **Binet, Alfred (1857–1911) French Psychologist (Scientist).** Disponível em: https://what-when-how.com/scientists/binet-alfred-1857-1911-french-psychologist-scientist/. Acesso em: 24 de julho de 2023.

35. FINEMAN, S.; MUMBY, Dennis K.; PUTNAM, Linda L. **Organizations, emotion and the myth of rationality.** 1993.

36. GOLEMAN, Daniel. **Emotional intelligence.** Why it can matter more than IQ. Learning, vol. 24, no 6, p. 49–50, 1996.

    MATÉ, Gabor. **The myth of normal: Trauma, illness, and healing in a toxic culture.** Penguin, 2022;

MATÉ, Gabor. **In the realm of hungry ghosts: Close encounters with addiction.** Random House Digital, Inc., 2008.

37. GOLEMAN, Daniel. **Emotional intelligence: Issues in paradigm building.** The Emotionally Intelligent Workplace, vol. 13, p. 26, 2001.

38. BOYATZIS, Richard; GOLEMAN, Daniel; MCKEE, Annie. **Primal leadership: The hidden driver of great performance.** Harvard Business Review, vol. 79, no 11, p. 42–53, 2001.

39. APFEL, Roberta J.; SIFNEOS, Peter E. **Alexithymia: Concept and measurement.** Psychotherapy and Psychosomatics, vol. 32, n. 1–4, p. 180–190, 1979.

40. APA DICTIONARY OF PSYCHOLOGY. **APA Dictionary of Psychology.** Disponível em: https://dictionary.apa.org/emotion. Acesso em: 4 de agosto de 2023.

41. Porges, Stephen W. **The polyvagal theory: Phylogenetic contributions to social behavior.** Physiology & behavior, v. 79, n. 3, p. 503–513, 2003;

    Porges, Stephen W. **Polyvagal theory: a science of safety.** Frontiers in integrative neuroscience, v. 16, p. 27, 2022.

42. Definição oferecida pelo pesquisador Jon Kabat Zinn. Disponível em: https://www.mindful.org/jon-kabat-zinn-defining-mindfulness/. Acesso em: 23 janeiro de 2024.

43. As sinapses são os intervalos entre as células nervosas, é através do espaço sináptico que passam os sinais que a cada instante formam pensamentos, reações e memórias. Existem dois tipos principais de sinapses: sinapses elétricas e sinapses químicas. As sinapses elétricas permitem a passagem direta de corrente elétrica de um neurônio para o outro através de junções especializadas chamadas junções comunicantes. Já as sinapses químicas são mais comuns e envolvem a liberação de neurotransmissores no espaço sináptico para transmitir o sinal de um neurônio para outro. Quando um impulso nervoso (potencial de ação) alcança a extremidade de um neurônio pré-sináptico, ocorre a liberação de neurotransmissores. Esses neurotransmissores atravessam o espaço sináptico e se ligam a receptores específicos do neurônio pós-sináptico. Essa ligação desencadeia uma resposta elétrica ou química no neurônio pós-sináptico, permitindo a transmissão do sinal de um neurônio para o próximo.

44. KANDEL, Eric R.; SAPP, Gregg. **In Search of Memory: The Emergence of a New Science of Mind.** Library Journal, vol. 131, n. 5, p. 94–95, 2006.

45. DUDAI, Yadin; KANDEL, Eric R.; MAYFORD, Mark R. **The molecular and systems biology of memory.** Cell, vol. 157, n. 1, p. 163–186, 2014. MLA

46. NELSON, Portia. **There's a hole in my sidewalk: The romance of self-discovery.** Simon and Schuster, 2012.

47. https://dictionary.apa.org/mood. Acesso em: 11 de julho de 2023.

48. BOYATZIS, R.; GOLEMAN, D. **Emotional Intelligence Has 12 Elements. Which Do You Need to Work On?** Disponível em: https://hbr.org/2017/02/emotional-intelligence-has-12-elements-which-do-you-need-to-work-on. Acesso em: 19 de agosto de 2023.

    Emotional Intelligence Consortium–Articles, Research and Information on Emotional Intelligence. Disponível em: https://www.eiconsortium.org/. Acesso em: 19 de agosto de 2023.

49. Embora existam várias estruturas e modelos que definem as competências psicossociais, aqui estão alguns comumente reconhecidos: A. Consciência social: a capacidade, pois de entender e ter empatia com as emoções, necessidades e perspectivas dos outros. Envolve estar atento às sugestões sociais, praticar a empatia e demonstrar respeito pela diversidade; B. Habilidades de relacionamento: a habilidade de estabelecer e manter relacionamentos saudáveis e significativos com os outros. Essa competência inclui comunicação eficaz, escuta ativa, cooperação, resolução de conflitos e trabalho em equipe; C. Tomada de decisão responsável: é a capacidade de tomar decisões informadas e éticas considerando normas sociais, consequências e princípios éticos. Envolve pensamento crítico, resolução de problemas e julgamento responsável. D. Resi-

liência: competência de se adaptar e lidar de modo eficiente com adversidades, contratempos e eventos estressores. A resiliência inclui habilidades como otimismo, perseverança, flexibilidade e a aptidão de se recuperar de desafios.

50. O nome da organização está relacionado ao que os neurotransmissores emocionais demoram para ser reabsorvidos no nosso corpo. Assim, o site explica: "Produzidos principalmente no hipotálamo, essas substâncias químicas afetam literalmente todas as células vivas de nosso corpo, servindo como parte de nossa função reguladora principal. Cada "explosão" dessas substâncias químicas, desde o momento em que são produzidas até o momento em que são completamente decompostas e absorvidas, dura de quatro a sete segundos. Assim, se perdermos a oportunidade desses seis segundos, perderemos a sabedoria e a energia que os sentimentos oferecem." **The Six Seconds Model**. Disponível em: https://eq.org/learn/6seconds/model/. Acesso em: 13 de julho de 2023.

51. "Emotional intelligence is observed when a person demonstrates the competencies that constitute self-awareness, self-management, social awareness, and social skills at appropriate times and ways in sufficient frequency to be effective in the situation." BOYATZIS, Richard E.; GOLEMAN, Daniel; RHEE, Kenneth. **Clustering competence in emotional intelligence: Insights from the Emotional Competence Inventory (ECI)**. Handbook of emotional intelligence, v. 99, n. 6, p. 343–362, 2000. https://www.youtube.com/watch?v=u4ZoJKF_VuA. Acesso em: 24 de janeiro de 2024.

52. EISENBERGER, Naomi I.; CROCKETT, Molly J.; LIEBERMAN, Matthew D.; *et al.* **Putting feelings into words**. Psychological science, vol. 18, n. 5, p. 421–428, 2007.

53. LIEBERMAN, Matthew D.; TORRE, Jared B. **Putting feelings into words: Affect labeling as implicit emotion regulation**. Emotion Review, vol. 10, n. 2, p. 116–124, 2018.

54. **La météo intérieure—Le temps qu'il fait en soi**. Disponível em: https://manonjean.com/meteo-interieure/. Acesso em: 12 de julho de 2023.

55. LITALIEN, Marie-Gabrielle. **Évaluation de l'impact d'un programme de pleine conscience à l'école comme facteur de protection**. In: 3 Résilience et cycle de vie. [s.l: s.n.]. Disponível em: https://lel.crires.ulaval.ca/sites/lel/files/utilisateurs/cassandracarrier/partie_3_-_resilience_et_cycle_de_vie_0.pdf.

56. A neurocepção é um termo único que incorpora os outros dois.

57. Essa lista não exaustiva se inspira no trabalho de Peter Levine, divulgado no Brasil pela Associação Brasileira do Trauma (ABT). Disponível em: https://www.traumatemcura.com.br/.

58. A abordagem da Experiência Somática de Peter Levine resume a experiência somática de prestar atenção às sensações do corpo com o acrônimo SIBAM, onde S é sensação e I é imagem; B, comportamento (behavior); A, afeto; e M, significado (meaning).

59. Os emojis que estão em voga hoje não são mais que uma estilização das expressões faciais que usamos para comunicar diretamente emoções e sentimentos. Os emoticons nasceram exatamente para superar a barreira linguística e utilizar símbolos comuns a todos, facilmente compreensíveis e de difusão rápida. Nasceram da ideia de um jornalista francês, Franklin Loufrani, em 1972, com o ícone mais simples, que exprimia a felicidade, para depois se tornarem mais e mais populares e complexos. Tornaram-se comuns com o e-mail e o chat, devendo seu sucesso precisamente à origem inata das expressões faciais e à capacidade de cada um de nós de interpretar e compreender, independentemente da cultura e da língua.

60. PLUTCHIK, Robert; KELLERMAN, Henry. **Theories of emotion**. Academic press, vol. 1, 2013.

    SEMERARO, Alfonso; VILELLA, Salvatore, RUFFO, Giancarlo. **Plutchik: Visualising and comparing emotion-annotated corpora**. Plos one 16.9 (2021): e0256503.

61. NOVACO, Raymond W. **Anger and psychopathology**. In: International handbook of anger: Constituent and concomitant biological, psychological, and social processes. Nova York: Springer New York, p. 465–497, 2009.

62. HOFSTEDE, Geert. **Dimensionalizing cultures: The Hofstede model in context.** Online readings in psychology and culture, vol. 2, n. 1, p. 8, 2011.

63. KERR, Alison Duncan. **Emotions, rationality, and gender.** Gender Equality, 2021, p. 202–212.

    PUTNAM, Linda; MUMBY, Dennis; FINEMAN, S. **Organizations, emotion and the myth of rationality.** 1993.

64. Epigenética: disciplina científica emergente que estuda como o ambiente e as experiências podem afetar até os genes, sobretudo quando criança. **O que é Epigenética?** Disponível em: https://developingchild.harvard.edu/translation/o-que-e-epigenetica/. Acesso em: 20 de agosto de 2023.

    LIPTON, Bruce. **The biology of belief 10th anniversary edition: Unleashing the power of consciousness, matter & miracles.** Hay House, Inc, 2016.

65. A constituição indiana reconhece 22 línguas regionais, além do Hindi e do Inglês. WIKIPEDIA CONTRIBUTORS. **Languages with official status in India.** Disponível em: https://en.wikipedia.org/wiki/Languages_with_official_status_in_India. Acesso em: 7 de agosto de 2023.

66. LEVINE, Peter A. **Trauma and memory: Brain and body in a search for the living past: A practical guide for understanding and working with traumatic memory.** North Atlantic Books, 2015.

67. LEVI, Lennart (ed.). **Stress and distress in response to psychosocial stimuli: laboratory and real-life studies on sympatho-adrenomedullary and related reactions.** Elsevier, 2016. Um experimento parecido foi reproduzido alguns anos atrás, como explicam os autores Heini Saarimäki, Athanasios Gotsopoulos e P. Iiro Jääskenläinen em *Discrete neural signatures of basic emotions* (Cerebral Cortex, vol. 26, n. 6, p. 2563–2573, 2016).

68. HUESMANN, L. Rowell; MOISE-TITUS, Jessica; PODOLSKI, Cheryl-Lynn; et al. **Longitudinal relations between children's exposure to TV violence and their aggressive and violent behavior in young adulthood.** Developmental psychology, vol. 39, n. 2, p. 201, 2003.

69. **Playing video games for better, not worse.** Disponível em: https://news.umich.edu/playing-video-games-for-better-not-worse/. Acesso em: 15 de julho de 2023.

70. **Pornography Industry Statistics [Fresh Research] • Gitnux.** Disponível em: https://gitnux.org/pornography-industry-statistics/.

71. Veja no Capítulo 4, o item 4.8 Porque zebras não têm úlceras.

72. LEVINE, Peter A. **Waking the tiger: Healing trauma: The innate capacity to transform overwhelming experiences.** North Atlantic Books, 1997.

73. VAN DER KOLK, Bessel. **The body keeps the score: Brain, mind, and body in the healing of trauma.** Nova York, v. 3, 2014.

74. *Stress* pode identificar o agente estressante, além do efeito.

75. GANEY, H. C. Neil. **Evolution of Law of Psychology.** Journal of Human Performance in Extreme Environments, vol. 7, n. 1, p. 3.

76. O estresse pode ser um catalisador de emoções como raiva, tristeza e medo (LUPIEN, 2020).

77. LÖVHEIM, Hugo. **A new three-dimensional model for emotions and monoamine neurotransmitters.** Medical hypotheses, v. 78, n. 2, p. 341–348, 2012.

78. GANSTER, Daniel C.; ROSEN, Christopher C. **Work stress and employee health: A multidisciplinary review.** Journal of management, vol. 39, n. 5, p. 1085–1122, 2013.

79. JAMAL, Muhammad. Burnout and self-employment: a cross-cultural empirical study. **Stress and Health: Journal of the International Society for the Investigation of Stress**, vol. 23, n. 4, p. 249–256, 2007.

80. FREUDENBERGER, Herbert. Burnout: Past, present, and future concerns. **Loss, Grief & Care**, 3 (1–2), 1–10, 1989. Disponível em: https://www.tandfonline.com/doi/ref/10.1300/J132v03n01_01?scroll=top.

MASLACH, Christina; LEITER, M. P. Burnout. **Stress and quality of working life: current perspectives in occupational health**, vol. 37, p. 42–49, 2006.

81. GONZALEZ-MULÉ, Erik; COCKBURN, Bethany. Worked to death: The relationships of job demands and job control with mortality. **Personnel Psychology**, vol. 70, n. 1, p. 73–112, 2017.

82. MASLACH, Christina. The burnout syndrome. **Current research, theory and interventions**, vol. 3, p. 49–56, 1981.

KORCZAK, Dieter; WASTIAN, Monika; SCHNEIDER, Michael. Therapy of the burnout syndrome. **GMS health technology assessment**, vol. 8, 2012.

83. RUSSELL, James A. A circumplex model of affect. **Journal of personality and social psychology**, vol. 39, n. 6, p. 1161, 1980.

84. BAKKER, Arnold B.; DEMEROUTI, Evangelia. **The job demands-resources model: State of the art.** Journal of managerial psychology, v. 22, n. 3, p. 309–328, 2007.

85. **How Are You Protecting Your High Performers from Burnout?** Disponível em: https://hbr.org/2018/06/how-are-you-protecting-your-high-performers-from-burnout. Acesso em: 27 de agosto de 2023.

86. **Saúde mental no trabalho: um guia para empresas.** Disponível em: https://vocesa.abril.com.br/carreira/saude-mental-no-trabalho-um-guia-para-empresas/. Acesso em: 21 de marco de 2023.

87. A Classificação Internacional de Doenças (CID) é a base para identificar tendências e estatísticas de saúde em todo o mundo e contém cerca de 55 mil códigos únicos para lesões, doenças e causas de morte. O documento fornece uma linguagem comum que permite aos profissionais de saúde compartilhar informações de saúde em nível global. Disponível em: https://bvsms.saude.gov.br/organizacao-mundial-da-saude-divulga-nova-classificacao-internacional-de-doencas/. Acesso em: 21 de agosto de 2023.

88. YARIBEYGI, Habib; PANAHI, Yunes; SAHRAEI, Hedayat; *et al.* The impact of stress on body function: A review. **EXCLI Journal**, vol. 16, p. 1057, 2017.

89. SAPOLSKY, Robert M. **Why zebras don't get ulcers: The acclaimed guide to stress, stress-related diseases, and coping.** Holt Paperbacks, 2004.

90. HOŞGÖR, Haydar; HOŞGÖR, Derya Gündüz. The relationship among nomophobia, fear of missing out and demographic variables: example of the healthcare manager candidates. **Current Addiction Research**, vol. 3, n. 1, p. 16–24, 2019.

91. SARASON, Irwin G.; SARASON, Barbara R.; SHEARIN, Edward N.; *et al.* A brief measure of social support: Practical and theoretical implications. **Journal of social and personal relationships**, vol. 4, n. 4, p. 497–510, 1987.

92. O filme *Tratamento de Choque* conta a história do tímido Dave Buznik (Adam Sandler): por causa de um imprevisto banal, Dave é condenado a fazer um curso para controlar a raiva dado por Buddy Rydell (Jack Nicholson), um psicoterapeuta imprevisível de método desconcertante que predispõe uma cura realmente perturbadora. O doutor Rydell se muda para a casa de Dave e o segue por toda a parte, interfere no seu cotidiano, no seu trabalho, provoca-o incessantemente e cria-lhe dificuldades. É óbvio que até o tímido Dave atinge um nível de saturação e estoura. Imperturbável, o doutor Rydell explica que cada provocação sua é um passo para o "restabelecimento", pois obriga Dave a sair da própria zona de segurança, a conhecer-se melhor, a aprender novas maneiras de enfrentar os imprevistos e a ver o mundo sob outros ângulos. O trajeto "terapêutico" de Dave (com todas suas desventuras, tão insuportáveis para o paciente quanto hilariantes para o espectador) o faz descobrir que a sua docilidade, na realidade, é uma forma

de reprimir sua identidade e suas próprias necessidades. A intervenção descabelada do doutor Rydell, por essa razão, é tão abelhuda quanto necessária, porque Dave aprende a ser uma pessoa melhor. Além do aspecto cômico, o filme traz algumas provocações interessantes: quando somos conscientes de nossas emoções? Estamos em condições de nos tornarmos melhor na nossa vida privada e profissional? Como enfrentamos as situações difíceis que diariamente submetem à prova a nossa serenidade e as nossas relações interpessoais?

93. STEIMER, Thierry. The biology of fear-and anxiety-related behaviors. **Dialogues in clinical neuroscience**. 2022

GUERRA, D.; COLONNELLO, Valentina; PANKSEPP, Jaak. The neurobiology of RAGE and anger & psychiatric implications with a focus on depression. **Multiple Facets of Anger: Getting Mad or Restoring Justice**? Nova Science Publishers, Inc. p. 45–80, 2011.

94. MCKINNEY, T. D.; DESJARDINS, Claude. Postnatal development of the testis, fighting behavior, and fertility in house mice. **Biology of Reproduction**, vol. 9, n. 3, p. 279–294, 1973. Postnatal development of the testis, fighting behavior, and fertility in house mice. **Biology of Reproduction**, 9.3, p. 279–294, 1973.

BELL, Margaret R. Comparing postnatal development of gonadal hormones and associated social behaviors in rats, mice, and humans. **Endocrinology**, vol. 159, n. 7, p. 2596–2613, 2018.

95. NEAVE, Nick; WOLFSON, Sandy. Testosterone, territoriality, and the 'home advantage'. **Physiology & behavior**, vol. 78, n. 2, p. 269–275, 2003.

CASTO, Kathleen V.; EDWARDS, David A. Testosterone, cortisol, and human competition. **Hormones and behavior**, vol. 82, p. 21–37, 2016.

ARCHER, John. Testosterone and human aggression: an evaluation of the challenge hypothesis. **Neuroscience & Biobehavioral Reviews**, vol. 30, n. 3, p. 319–345, 2006.

96. VEGETO, Elisabetta; BELCREDITO, Silvia; ETTERI, Sabrina; *et al.* Estrogen receptor-α mediates the brain antiinflammatory activity of estradiol. **Proceedings of the National Academy of Sciences**, vol. 100, no 16, p. 9614–9619, 2003.

DEARDEN, Laura; BOURET, Sebastien G.; OZANNE, Susan E. Sex and gender differences in developmental programming of metabolism. **Molecular metabolism**, vol. 15, p. 8–19, 2018.

97. RILEY, K. Jack; BENNET, Bruce W.; HANSON, Mark Alan; CARROL, Stephen J.; DIXON, Lloyd; GERWEH, Scott; GLENN, Russell W.; MEDBY, Jamison Jo; PARACHINI, John V. The Implications of the September 11 Terrorist Attacks for California: A Collection of Issue Papers. Santa Monica, CA: RAND Corporation, 2002. Disponível em: https://www.rand.org/pubs/issue_papers/IP223.html.

SMITH, Benjamin K.; STOHL, Michael; AL-GHARBI, Musa. Discourses on countering violent extremism: the strategic interplay between fear and security after 9/11. **Critical Studies on terrorismo**, 12.1, p. 151–168, 2019.

98. EICHSTAEDT, Johannes C.; *et al.* The emotional and mental health impact of the murder of George Floyd on the US population. **Proceedings of the National Academy of Sciences**, 118.39, 2021. DOI: e2109139118.

99. GRANDISOLI, E.; BELLAGUARDA, F.; MORAES, R. A emergência climática e as novas oportunidades para as juventudes. **Climática**, 31, 2021.

100. HOGG, T. L.; STANLEY, S. K.; O'BRIEN, L. V.; WILSON, M. S.; WASTFORFD, C. R. The Hogg Eco-Anxiety Scale: Development and validation of a multidimensional scale. **Global Environmental Change**, 71, 2021. DOI: 102391.

101. SHAH, Norliana Ahmad; SAAD, Mazni; MOHAN, Noor Malinda Mohamed; *et al.* Working in private universities: Does emotional intelligence matter for job effectiveness. **International Journal of Accounting, Finance and Business**, vol. 3, n. 10, p. 87–96, 2018.

HUTCHINSON, Marie; HURLEY, John. Exploring leadership capability and emotional intelligence as moderators of workplace bullying. **Journal of nursing management**, vol. 21, n. 3, p. 553–562, 2013.

SZCZYGIEL, Dorota Daniela; MIKOLAJCZAK, Moïra. Emotional intelligence buffers the effects of negative emotions on job burnout in nursing. **Frontiers in psychology**, vol. 9, p. 2649, 2018.

102. DAVIDSON, Karina W.; MOSTOFSKY, Elizabeth. Anger expression and risk of coronary heart disease: Evidence from the Nova Scotia Health Survey. **American heart journal**, vol. 159, n. 2, p. 199–206, 2010.

103. Sara Khademolsharieh, la campionessa iraniana di scacchi che gioca senza il velo e sfida il regime. Disponível em: https://www.lastampa.it/esteri/2022/12/27/news/sara_khademolsharieh_la_campionessa_di_scacchi_che_gioca_senza_il_velo_e_sfida_il_regime-12434323/. Acesso em: 8 de agosto de 2023.

Sarasadat Khademalsharieh. Disponível em: https://en.wikipedia.org/wiki/Sarasadat_Khademalsharieh.

104. EKMAN, P.; DAVIDSON, R. **Questions about emoticons**. Oxford University Press, 1995.

Vários episódios parecidos de "sequestro emocional" são contados por Goleman em seu livro *Inteligência Emocional*.

105. Como vimos no Capítulo 4, a verbalização do próprio estado interior é uma forma eficaz de gerir as emoções.

106. Em 1927, a União Soviética investiu bilhões de rublos na difusão do jogo de xadrez em todo o seu território para fazer com que jovens se dedicassem. Vontade de conceder ao cidadão um momento de divertimento? Não. Acreditavam que treinando o pensamento consequencial se poderia cultivar bons oficiais e generais para futura guerra que libertaria o mundo do capitalismo.

107. Muitas "formas" de relaxar (como beber, fumar, assistir a TV, comer) de nada adiantam para inverter os efeitos psicológicos do estresse. De fato, fumando se produz uma reação verdadeiramente estressante, provocando vasoconstrição e liberação de substâncias químicas nos vasos sanguíneos. Bebendo, cai-se em um estado de ânimo depressivo, que é a última coisa de que se precisa em uma condição de estresse.

108. O que importa é que corpo e mente estejam unidos na atividade e que não seja uma atividade dissociativa, como por exemplo beber, fazer uso de álcool ou drogas, jogar videogames.

109. **Sim, respirar fundo acalma – e agora a ciência sabe o porquê**. Disponível em: https://super.abril.com.br/ciencia/respirar-fundo-acalma-mesmo-porque-afeta-o-cerebro#google_vignette. Acesso em: 20 de agosto de 2023.

Anxiety and Depression Association of America. **Physical Activity Reduces Stress | Anxiety and Depression Association of America, ADAA**. Disponível em: https://adaa.org/understanding-anxiety/related-illnesses/other-related-conditions/stress/physical-activity-reduces-st.

110. MORA-RIPOLL, Ramon. The therapeutic value of laughter in medicine. **Alternative Therapies in Health & Medicine**, v. 16, n. 6, 2010.

111. SAXENA, Shekhar; *et al.* Mental health benefits of physical activity. **Journal of Mental Health**, v. 14, n. 5, p. 445–451, 2005.

112. MADAAN, Vishal; PETTY, Frederick D.; SHARMA, Ashish. Exercise for mental health. **Primary care companion to the Journal of clinical psychiatry**, v. 8, n. 2, p. 106, 2006.

113. EIME, Rochelle M.; *et al.* A systematic review of the psychological and social benefits of participation in sport for children and adolescents: informing development of a conceptual model of health through sport. **International journal of behavioral nutrition and physical activity**,

v. 10, n. 1, p. 1–21, 2013; NG, Shu Wen; POPKIN, Barry M. Time use and physical activity: a shift away from movement across the globe. **Obesity Reviews**, v. 13, n. 8, p. 659–680, 2012.

114. PARK, Crystal L.; RILEY, Kristen E. How does yoga reduce stress? A systematic review of mechanisms of change and guide to future inquiry. **Health Psychology Review**, v. 9, n. 3, p. 379–396, 2015.

115. BLAKE-MORTIMER, Jane; HANCOCK, Heather; SMITH, Caroline; *et al.* A randomized comparative trial of yoga and relaxation to reduce stress and anxiety. **Complementary therapies in medicine**, vol. 15, no 2, p. 77–83, 2007.

116. BRYANT, Edwin F. **The yoga sutras of Patanjali: A new edition, translation, and commentary.** North Point Press, 2015.

117. ROSS, Alyson; THOMAS, Sue. **The health benefits of yoga and exercise: a review of comparison studies.** The journal of alternative and complementary medicine, v. 16, n. 1, p. 3–12, 2010.

118. Alguns indivíduos podem adormecer em um desses relaxamentos. O ideal para que o relaxamento seja completo é que a pessoa se mantenha em estado consciente, entre o meio-sono e a vigília. Caso adormeça ou se encontre em um torpor agradável, pode se manter em vigília aumentando a voz, evitando tocá-la ou dar puxão; usa-se somente a voz, repetindo algumas vezes que está na hora de reabrir os olhos. É importante ainda lembrar à pessoa em relaxamento que este é orientado e que ela retornou ao mesmo lugar de onde partiu, se necessário, deve repetir o nome da cidade em que se encontra e o dia. O retorno para alguns pode ser como o despertar matinal, desse modo, são necessários alguns minutos para perceber/recordar-se de onde se encontra e o que se deve fazer.

119. Por essa razão que a Six Seconds escolheu seu nome: se conseguimos segurar durante seis segundos ou mais, nossas reações automáticas se tornam mais conscientes.

120. Nos capítulos precedentes, falamos dos efeitos diga, código, relação e medo; freios inibidores existem para todas as emoções, como vimos nos parágrafos sobre a cultura e as emoções transgeracionais.

121. CENTENO, Maria João. **O conceito de comunicação na obra de Bateson: interacção e regulação.** Universidade da Beira Interior/Livros LabCom, 2009.

Índice

A

B

C

D

T

V

Este livro foi impresso nas oficinas gráficas da Editora Vozes Ltda.,
Rua Frei Luís, 100 – Petrópolis, RJ.